ENTRA EN ACCIÓN

CONVIÉRTETE EN UN AGENTE DE BIENES RAÍCES PRODUCTIVO

Técnicas y habilidades que te convertirán
en un agente inmobiliario productivo

JUANCA INOJOSA

Entra en acción

Juanca Inojosa®

Panamá, 2020.

juanca@juancainojosa.com

Diseño: Yolena Torres

ISBN: 978-9962-13-508-1

ENTRA EN ACCIÓN

CONVIÉRTETE EN UN AGENTE DE BIENES RAÍCES PRODUCTIVO

Técnicas y habilidades que te convertirán
en un agente inmobiliario productivo

JUANCA INOJOSA

Índice

Entra en acción 9

Aspectos antes de entrar en materia 11

La captación 19

Pasemos a la acción 21

Diálogo de la llamada de captación 27

Preparando la cita de captación 33

Diálogo de la visita de captación 39

Preparando su inmueble para la venta 61

El reportaje gráfico 63

Dar de alta la propiedad en el sistema 67

Apóyate en tu CRM 73
(*customer relationship management*)

La venta 75

Las cinco fases o etapas de la venta 77

La cita 101

Tipos de cierre de ventas 121

Fase de posventa 127

Sobre el autor 131

Dedicatoria

Dedico este libro a mi esposa, Mary, mi compañera de vida, mi maestra espiritual. Gracias, cariño, por haberme insistido en que finalizara esta obra.

Prólogo

Motivador y nada más que inspirador es el contenido de esta estupenda obra escrita por mi gran amigo Juan Carlos.

Con un cúmulo de información enriquecedora, se combinan las maravillosas experiencias personales del autor, lo que contribuye a disfrutar completamente la lectura.

La explicación de cada etapa dentro de los procesos inmobiliarios es clara y precisa, con lujo de detalles, que empoderan al lector sobre esta gran industria.

Como indica el autor, todo se inicia con la captación del inmueble. Y es ahí donde la diversión de todo el proceso te llena de emociones, que representan la clave fundamental para enriquecerte del mundo de oportunidades que representa este negocio.

Con claridad explica el autor la importancia de la cita al momento de la captación. Y es esa preparación, complementada con un gran diálogo, la que te convierte en experto en generar el elemento preciso que, por lo general, logra un "sí": la confianza.

Eso es lo fundamental que logra esta gran obra, enseñarte las técnicas claves, con ejemplos y experiencias enriquecedoras que contribuyen a incrementar nuestro conocimiento sobre esta área de negocio, a fin de generar la confianza necesaria en nuestro cliente.

No olviden disfrutar esta magnífica obra con una deliciosa taza de café.

Les dejo esta nota para mi gran amigo Juan Carlos, con un fuerte abrazo en la distancia.

Manoj Chatlani

ENTRA EN ACCIÓN

Técnicas y habilidades que te convertirán en un agente inmobiliario productivo

Siento que la profesión de agente inmobiliario, intermediario, bróker, como la quieras llamar, exige una serie de habilidades y técnicas necesarias para que seamos útiles, interesantes, convenientes e indispensables de cara a clientes compradores y propietarios. Es por ello que, como parte de mi contribución, aquí te dejo unas técnicas para que te formes, te capacites y vendas todo lo más que puedas antes de que finalice tu vida productiva en este planeta. Tal vez, como consecuencia de capacitarte, consigas longevidad.

Mi nombre es Juan Carlos Rodríguez Inojosa, hace once años que ayudo a personas a superar sus obstáculos en el campo de los bienes raíces, la venta y alquiler de propiedades inmobiliarias en el territorio panameño, ya sabes, casas, apartamentos y locales comerciales, entre otros. Mi servicio comienza cuando conozco al propietario del inmueble. Digamos que, oficialmente, se inicia allí, porque, extraoficialmente, antes de conocerlo, mi sistema reticular estuvo activado localizando propietarios con auténticas ganas de vender o alquilar su propiedad: él no dispone del tiempo, de los clientes, ni de nuestra paciencia.

Algunos aspectos a aclarar antes de entrar en materia

Proceso emocional

Llamaré *agente* a la persona que se dedica profesionalmente —es decir, con compromiso— a la actividad inmobiliaria como intermediario representando a una de las partes o a ambas en la operación de venta de un inmueble. ¿Conoces el significado de la palabra *compromiso*? Esta la saqué de una conferencia a la cual asistí. Decía el orador, para explicar el concepto de *compromiso*: «Todos los días desayunamos. Imagina que desayunas huevos con jamón o tocino. De estos dos animales presentes en tu plato, el cerdo y la gallina, uno de ellos se comprometió y el otro simplemente se involucró, ¿por qué? Piensa un poco, la gallina puso los huevos y se marchó, sigue viva, solo se involucró, pero no se comprometió, ella simplemente se marchó; en cambio, el cerdo se comprometió, dejo su vida allí para que tú tuvieras el jamón o el tocino en tu desayuno. Esto pasa porque, cuando te comprometes, vas hasta el final de las consecuencias con tu idea, tu proyecto, tu emprendimiento o lo que sea que estés llevando a cabo». ¿Se comprende la metáfora? Si tú quieres ser profesional en algo, debes ir a muerte con ello, comprometido con la idea de triunfar, de captar, de educar al propietario que no comprende todo el valor que aporta tu servicio.

Este libro no está escrito como todos los libros, es el resultado de mi experiencia en el mundo inmobiliario en Panamá por los últimos **once años**. Aquí relato lo que me resultó a mí y le está resultando a los agentes que han decidido seguir el método de captación y venta enseñado en estas páginas.

Valoro la razón que te haya acercado a esta profesión, bien sea que eres asalariado y te cansaste de tener jefe, estás jubilado y te encuentras aburrido en tus cuatro paredes o eres empresario y deseas cambiarte del sector en el que te encuentras para emprender en esta actividad; es para mí un verdadero placer poder presentarte con mucha confianza y un tanto de humildad los conocimientos recogidos en este texto.

El agente inmobiliario o de bienes raíces (en adelante, *el agente*) se debe comprometer a formar un buen hábito de la venta y a reconocerse como un catalizador entre el propietario y el comprador. Una especie de lubricante para que tanto el comprador como el propietario se deslicen cómodamente por la vida de la transacción, en lugar de ir arrastrándose y tropezando ciegamente contra los baches típicos de una compraventa. En esta cadena de vida, el propietario forma el primer eslabón, todo comienza con un propietario. Parte de la labor de un agente de bienes raíces productivo consiste en estar permanentemente localizando propiedades que la gente quiera comprar.

El propietario se caracteriza por ser una persona cargada de miedo, por lo general desconoce aproximadamente el 80 % de la transacción. En caso de ser primerizo en la venta, posiblemente desconoce el 100 % del proceso. Adicionalmente, desconoce el valor que le aporta tu servicio, nunca antes lo había necesitado, no sabía de tu existencia.

Te vas a encontrar con todo tipo de propietarios, así como hay personas chéveres y las hay menos chéveres, así mismo son los propietarios, los hay colaboradores, aceptan tu ayuda, confían, etc. y los hay un poquito atravesados. Esto es válido, con todos puedes trabajar, pero recuerda, el experto eres tú.

Mi intención en este libro es prepararte para todo tipo de situaciones, es por ello que consideraré las más adversas y, a partir de allí, lo que te suceda seguro que será un alivio.

El propietario menos chévere, tiene un repertorio de respuestas cuando se le ofrece el servicio de intermediación para vender su casa, que incluye el uso de métodos o tácticas primitivas de defensa como, por ejemplo: «Ya sé de qué me vienes a hablar, mi prima es corredora, tiene licencia, ella no vive de esto, sin embargo. Me dijo que lo peor que puedo hacer es firmar una exclusividad con alguien y comprometerme, que lo mejor es dárselo a cientos de agentes o, si no, a miles». Y cosas por el estilo. Recuerda que tiene miedo y desinformación.

Parte de tu labor tiene que ver con la de ser formador, profesor, guía, mentor, *coach* inmobiliario, espiritista, consultor, la lista sigue, confidente del propietario y lo que desees agregar que ayude a conectar emocionalmente tu servicio con la mente de ese ser humano. Me voy a meter un poco en la ciencia para explicar brevemente el proceso de la toma de decisión. Particularmente, en el tema de inmuebles residenciales, sobre todo en la propiedad que representa el hogar, la familia, la protección, el resguardo, cuando el ser humano se encuentra en presencia de una situación decisiva y esto deriva a escoger una de dos o más opciones propuestas tales como: ¿Vendo la casa por mi cuenta? ¿Se la doy a todos los corredores y no corredores? ¿Me comprometo con lo que me proponen del MLS (Servicio de Listado Múltiple, por sus siglas en inglés)? El cerebro se expone al estrés y, en ese momento, envía la señal para segregar dos sustancias, llamadas adrenalina y cortisol, que, por un lado, inhiben el sistema nervioso parasimpático, encargado de la conciliación, el amor, el entendimiento y la creatividad y, por el otro lado, casi en simultáneo, activan el sistema nervioso simpático, que es el encargado de la lucha y la huida. El cerebro se estresa porque sabe que, al elegir una opción, eso descarta el resto de las opciones, y es por ello que la opción elegida debe ser la más satisfactoria: vender la casa contigo como su agente de bienes raíces. Tu labor es colocar en la mente estresada del propietario paz y sosiego, él debe sentir que contigo va a conseguir la meta, vender el inmueble.

Todos los bienes materiales que una persona posee se encuentran dentro de su sistema de valor simbólico. Para no extenderme, haré referencia al valor simbólico del inmueble que representa un hogar. Para el cerebro, la casa tiene un valor simbólico de guarida, protección, familia, supervivencia, es decir, así lo reconoce el cerebro reptil. Se habla de que los seres humanos tenemos tres cerebros, de acuerdo a la evolución que hemos alcanzado como especie: tenemos el cerebro reptil, que es el más básico, ubicado en la parte baja del cráneo, y en él se alojan el instinto de supervivencia, de protección, de reproducción, entre otros; luego, tenemos el cerebro límbico, un poco más arriba, y en él están las emociones y, finalmente, el cerebro consciente o neocórtex, que se ubica en la parte frontal del cráneo, encima de los ojos, y es el encargado de la toma de decisiones. Los tres son importantes; sin embargo, nos concentraremos en el reptil para entender y ser compasivos gestionando las respuestas de los propietarios al momento de captar. Cuando se acciona el reptil, este responde casi de inmediato, sin pensar y con brusquedad. Si comprendes que la causa de esta reacción es simple desconocimiento, entenderás que hay algo que te falta explicar, lograrás desarrollar la empatía, sabrás que debes hacer florecer su confianza, lo podrás ayudar para que contrarreste los efectos del estrés una vez logres convencer a su reptil y casi automáticamente comenzará a segregar endorfinas, noradrenalina, oxitocina y dopamina (hormonas del placer) al escuchar lo que tienes que decirle, que finalmente se traducirá en la venta de su propiedad, en el alcance de ese objetivo.

El origen del miedo es algo ancestral. De hecho, nos garantiza la supervivencia. Es normal tener miedo a desprenderse de algo, en este caso de un inmueble a cambio de una cantidad de dinero que desconoces si te será más beneficiosa a la larga que conservar el bien (el inmueble). Tu misión, si decides aceptarla, es guiar al propietario, explicarle lo que más le conviene. Para que tengamos una idea del proceso, cuando el propietario viene a ti —o bien sea que tú fuiste a él y este aceptó tu ayuda— está en busca de tu asesoría, su cerebro ya decidió que vender es la opción adecuada, porque es lo que le solucionará su situación actual a corto o mediano plazo, y después a largo plazo. Usualmente, los seres humanos, cuando oímos una verdad, ya la sabemos: entonces, parte de tu trabajo es confirmar esa verdad.

Si entiendes el miedo, a ti como agente te resultará más fácil desarrollar empatía para guiar al propietario en pro de un interés común. Debes entender que es una persona, pero esto no quiere decir que, por entenderlo, vas a tolerar de todo, no, no, no, nada más alejado de la realidad. Como en cualquier sistema, debemos mantener las reglas para sistematizar el proceso y hacer que estas se cumplan, en busca del bien común. La labor más importante, en tu tarea como ente educativo será, explicar la dinámica de trabajo al propietario, es decir, que se comprenda que él forma parte de este ecosistema inmobiliario donde interactúan propietarios, agentes inmobiliarios y compradores. Esto siempre va a existir, existió antes, existe ahora y existirá en el porvenir de esta profesión, aun cuando las herramientas evolucionen, la tecnología haga lo suyo y parezca que el agente no será necesario, nada más falso y alejado de la realidad que esta impresión. A nuestro ecosistema inmobiliario es bienvenida la tecnología, para hacer más sencillo el trabajo, pero el que va a realizar la venta eres tú, el agente de bienes raíces, olvida que la tecnología por sí sola vende, afortunadamente. Ocúpate de hacer que el mensaje llegue, aquí importan tanto el fin como los medios, tanto el mensaje como la forma en la que lo transmites.

Escucho que se avecinan tiempos donde los intermediarios están desapareciendo, que la tecnología y los desarrollos algorítmicos los remplazarán. Es muy posible, no quiero negar esto y que dentro de diez años me saquen por ahí «Tú en tu libro dijiste tal, tal y tal». Es bien cierto que la tecnología ha optimizado procesos; sin embargo, si entiendes que este proceso emocional de vender requiere personas, no será hasta que logren desarrollar un remplazo, una réplica de emociones y espiritualidad, que los intermediarios, particularmente los inmobiliarios, seguirán existiendo, gracias a la experiencia memorable. Hay que reinventarse y organizarse para permanecer vigentes.

La captación

El proceso de localizar una propiedad para su venta o alquiler se llama *captar*. Te voy a enseñar a captar. ¿Qué captarás? La atención de ese propietario para que te confíe la venta o el alquiler de su inmueble. Otro aspecto a considerar es que en adelante utilizaré solo el termino *venta* para referirme tanto a la venta como al alquiler. Una vez hayas hecho la captación, te voy a enseñar a vender de tal forma que domines la mente del comprador. Finalmente, te enseñaré la posventa, obtener *reviews* para redes sociales y muchos referidos. Este será tu ciclo, que hará de tu profesión un negocio rentable y perdurable en el tiempo, hasta que Dios quiera.

Captar cubre una infinidad de acciones que no se pueden dejar a la suerte, a la improvisación, ni a la genialidad personal.

ATENCIÓN:

Con esto no quiero decir que no se necesite genialidad, al contrario, la genialidad, el entusiasmo, la actitud y el talento son indispensables: sin embargo, todo debe seguir un guion previamente establecido.

Pasemos a la acción

Una vez que te has dado cuenta de que la propiedad existe y localizas al propietario, lo siguiente es contactarlo. En este momento, dependiendo de tu grado de conocimiento y experiencia, tendrás definido un discurso mental habitual de cómo abordar la conversación. Mi experiencia me dice que lo mejor es tener un guion preescrito, y que es mejor si te lo memorizas, pero, como la mayoría de las veces el primer contacto es por teléfono, no resulta tan preocupante memorizarlo, tenlo escrito de tal forma que lo leas durante la llamada para seguir el orden y recuerdes mencionar todos los puntos.

Si estás por tu cuenta como agente inmobiliario y te estás iniciando en esta profesión, es decir, no trabajas con una oficina o un bróker, te aconsejo unirte a una, de esta forma las cosas al principio de tu carrera resultarán más sencillas, te beneficiarás al contar con una estructura, pero, sobre todo, aprenderás a rentabilizar los momentos a diario, sobre todo cuando intercambies experiencias con tus compañeros. El hecho de que les sucedan cosas similares y diferentes te dará mayor nivel de asimilación, te dará una visión amplia, aprenderás de esas experiencias ajenas, podrás crecer más rápidamente. En cambio, solo, en solitario, como elegí hacerlo yo, te sucederán las cosas, de pronto dirás «¿Por qué a mí?» para que luego te culpes, te justifiques o te quejes hasta tal punto de no querer continuar en esta profesión tan bonita, tan recompensante. Aprende a sacar lo mejor de ti, en conjunto con lo mejor de la profesión. En mi caso, me inicié como agente de bienes raíces para otra empresa; sin embargo, no me permití darme el tiempo suficiente de pasarme dos años aprendiendo la estructura de la empresa, el sabor de la venta estructurada, reconocer que es un mundo de relaciones más que de dinero y, por ello, a los pocos meses de estar funcionando como agente, tomé una decisión que actualmente considero un tanto arriesgada, influida en una parte por mi orgullo y en otra parte por mi ego: con el apoyo de mi esposa, decidí abrir mi propia agencia de bienes raíces. Si en ese entonces alguien, además de la persona propietaria de la empresa, me hubiese dicho «¡¡¡No lo hagas!! Conoce más de las empresas, cómo se forman, cómo se recluta personal, etc.», estoy muy seguro de que, hoy por hoy, once años más tarde, la historia habría sido distinta, me hubiese ahorrado muchos altos y bajos emocionales. Te lo comento porque, si estás pensando que ya llegó la hora de abrir tu empresa de bienes raíces, piénsalo dos veces. Si sientes el llamado inspiracional, adelante, no quiero decir que te vaya a ir mal, solo expongo lo que a mí me sucedió en ese momento con esa cantidad de experiencia acumulada. Hoy para mí todo es distinto.

Pero este libro no trata de lo que hice o dejé de hacer, sino de lo que me funcionó, me funciona y me seguirá funcionando mientras decida permanecer en esta profesión. Últimamente estoy sintiendo el llamado de enseñar, educar, compartir lo que aprendí y que da resultados, posiblemente me dedique a ello.

Permíteme agregar esto antes de pasar a la acción: si de algo estoy seguro es de que escogiste la carrera equivocada para ser una víctima, por tanto, evita a toda costa esta actitud. Perdona que sea yo quien te lo diga, pero aquí nada de culpar, justificarse o quejarse. Eso no nos sirve para nada, si lo haces te conviertes en un imán para la desgracia. Es por eso que, te insisto, trabaja en equipo, aprenderás más rápido; mantén un estado de conciencia plena en el momento presente; rentabiliza la experiencia ajena, así como la propia, y procura siempre que no te suceda a ti.

Existen diferentes fuentes para localizar inmuebles en venta.

He aquí unos ejemplos: búsqueda en portales inmobiliarios, estar atento a los letreros en la calle, activamente preguntar en los edificios a los conserjes o a las administradoras y guardias de seguridad, por mencionar algunas. Sin embargo, la mejor fuente de todas, y es hacia donde debemos orientar nuestra intención, es en la que tus clientes, satisfechos de tu servicio, te refieren los inmuebles de sus familiares y amigos. Adicionalmente, hay una fuente de captación que, unida a la de los clientes referidos, es de lo más poderosa, en ella logras una conexión, un vínculo, con el cliente comprador. A esta fuente la llamamos *servicio ORO* y se refiere a cuando el cliente comprador te encomienda que le encuentres la propiedad específicamente en un área determinada, un edificio en concreto, entonces tú inicias la búsqueda, le solicitas a él que pare de buscar, pero que, si por casualidad se topa con alguna información de ayuda, que te la pase a ti. De esta forma, tienes al comprador refiriéndote los inmuebles que él mismo localiza y considera que le podrían interesar, para que tú realices el contacto manejando la transacción.

El guion de la captación, como lo tengo estructurado, busca que al finalizar la llamada tú cuentes con la ubicación exacta del inmueble. Si es un apartamento, debes conocer el piso y el número del apartamento, el número de la finca, el teléfono móvil y un segundo teléfono, que puede ser fijo, u otro, saber que hablas con el propietario o, al menos con un interlocutor válido, la esposa, el esposo, el hijo que se está encargando de la venta o la persona apoderada para hacerlo, y finalizar teniendo confirmada la hora de la cita para la primera reunión.

Posiblemente te estarás preguntando cuándo le hablaras al cliente del acuerdo MLS, o del 5 % de los honorarios. No lo has mencionado. ¿Cuándo, cuándo, cuándo? Te respondo, lo mejor es conversarlo personalmente. Siempre que se pueda, sostén una primera reunión cara a cara con el propietario. Si no se puede, por la distancia, porque está fuera del país, hay mucho tráfico o cual sea el motivo, en ese caso sostén la llamada con el propietario y explícaselo paso a paso. Si, por alguna razón, luego del siguiente dialogo, el propietario no te proporciona la información que requieres, autoevalúate, qué estás diciendo de más o qué estas dejando de decir. Pero lo más importante es que evalúes si deseas ir de igual forma a la visita aun con la falta de información básica. Apréndete esto: un propietario motivado a vender te dará toda la información necesaria para hacer tu trabajo; él aceptó tu ayuda, lo menos que puede hacer es proceder de acuerdo a como se lo solicitas. Me encantan las metáforas, he aquí una que ejemplifica lo que digo. Érase una vez, en nuestros tiempos modernos, que una persona adulta hizo una cita médica con su odontólogo, solicitando y aceptando la ayuda del médico experto. Lo relevante de esta historia es que el adulto acepta que necesita la ayuda para curar su malestar dental. Acto seguido, se dirige al consultorio, llega a la consulta, es bien recibido, le hacen saber que será la próxima persona en ser atendida, le corresponde entrar, se sienta en la silla y, cuando el odontólogo le solicita que abra la boca, esta persona simplemente le dice «No, no creo necesario abrir la boca doctor. Hágame el favor y me soluciona este malestar de otra manera, pero no me haga abrir la boca, no quiero». ¿Qué se supone que haga el odontólogo? De pronto, le insistirá, «Mire usted, para solucionar lo que tiene, debe abrir la boca». Pero, luego de una o dos insistencias, ¿qué crees que le va a decir el odontólogo? «Vaya usted a su casa y, cuando esté preparado/a, llámeme, estaré encantado de atenderlo/a». De la misma manera, tú eres como el odontólogo de la historia, solo que, en lugar de tratamiento dental, haces tratamiento inmobiliario.

Diálogo de la llamada de captación

Sin más rodeos, entramos en el diálogo de la llamada de captación: usaremos la A para agente y la C para cliente. El inmueble fue localizado en un portal inmobiliario donde estaba anunciado para la venta directa por el propietario. El anuncio decía «No intermediarios». ¿Te suena familiar?

Ring, ring…

C.—Hola, buen día, ¿en qué lo puedo ayudar?

A.—Hola, buen día, estoy llamando por la propiedad que tiene en venta, ¿aún está disponible? ¿Con quién tengo el gusto de hablar?

(Presta atención al nombre, anótalo y utilízalo a partir de ese momento para referirte al propietario por él).

C.—Hola, soy Fulano de Tal, sí, la propiedad aún está disponible.

A.—¿Me explica, por favor, cómo es?

C.—Sí, claro, es un apartamento de 2 recámaras, 2 baños, …

(Ve tomando nota de la descripción).

A.—¿Dónde se encuentra ubicado exactamente el apartamento?

(Anota el nombre del edificio, el piso, la letra del apartamento; todos estos detalles son importantes para localizar la propiedad en el Registro Público).

C.—Edificio tal, piso cual, …

A.—¿Cuál es el precio del apartamento?

C.—260 000 balboas.

A.—¿Ese es el último precio?

C.—Siempre podemos ajustar, es cuestión de que usted primero lo mire, ¿no? Si le interesa, luego vemos qué tan negociable es. ¿El apartamento es para usted?

A.—Permítame presentarme, mi nombre es Zutano de Cual, yo represento a la empresa Cual S. A. y lo estoy llamando porque un cliente comprador me dio su número y me solicitó que averiguara la información de esta propiedad. Creo que me dijo que está anunciada en un portal inmobiliario, no recuerdo exactamente cuál es (o en un cartel en la calle, o quizá en un periódico, aquí va a depender de la fuente de donde obtuviste la información de la propiedad).

Hago una pausa aquí, posiblemente te estés diciendo «Le estoy mintiendo al propietario, en realidad no poseo tal comprador, el número lo obtuve del portal inmobiliario tal o el número me lo dio Menganito». Y yo te respondo: «Haz la prueba llamando con tu estructura de dialogo, usando el típico "Lo llamo porque vi anunciada su propiedad en internet y la queremos captar para luego encontrarle un posible cliente. ¿Usted trabaja con bienes raíces? Esto es cosa del pasado"». Decirle al propietario que el número te lo dio tu cliente es del todo distinto, despierta el interés del propietario casi de inmediato y siente que contigo su propiedad está prácticamente vendida. Yo lo llamo *efecto placebo*, la mentira que sana al enfermo en las enfermedades poco convencionales, funciona, ha funcionado en la medicina y funciona para nuestra profesión. De otra forma no podrías ayudar a este propietario, porque el 80 % de ellos están cansados de recibir llamadas y llamadas de agentes queriendo subir su propiedad a los portales con la esperanza de encontrar un comprador en el futuro.

Así como acabas de sugestionar la mente del propietario diciéndole que tienes al comprador y que este te dio el número para que llamaras, debes sugestionar la tuya, tatúate en tu mente esto que te voy a decir: todo se vende, todo tiene un comprador, todo se vende. Los agentes que ya cuentan con algo de experiencia saben que por falta de inventario adecuado se deja de vender, lo que quiere decir que, en realidad, sí has tenido momentos en los que te sobran compradores y te falta inventario. Acepta que uno de estos clientes compradores te dé el número de la propiedad para que tú llames, negocies y lo guíes para que la compre.

Mantén esa imagen del cliente queriendo comprar, esa sensación poderosa del cliente rogando tener la propiedad que él quiere comprar, un apartamento o casa muy parecida a la que tú estás captando en este momento. Ojo, esto es auténtico, nada mejor que un comprador unido a la campaña de búsqueda común, proporcionándote números de teléfono, facilitándote anuncios, etc., para que seas tú —como su agente inmobiliario— quien haga el trabajo analítico de la propiedad por él. Así que, créelo, aprovéchalo y solicítalo, solicita que te den los números de inmuebles que les gustan. Me voy a desviar un poquito del tema, pero quiero que esto quede claro: cuando estás atendiendo a un comprador (profundizaremos en la parte de la venta), la forma más sencilla de que te dé los números de teléfono de los inmuebles que él mismo ha localizado es solicitándolos. Te invito a que le pidas al comprador que se comprometa contigo a que, si encuentra la propiedad que está buscando, que no llame, que te facilite el número; de esta forma, tú haces esa llamada por él o ella, para representarlos como su agente inmobiliario. Suceden cosas mágicas cuando lo solicitas; si no lo solicitas, nunca sucederá. Habiendo explicado esto, continúo con el dialogo.

A.—Y este cliente me pidió que me pusiera en contacto. Le explico, en nuestra empresa la filosofía es conquistar la confianza del comprador. Antes que nos compre una propiedad, debemos venderle la confianza. Una vez confía en nosotros, es capaz de comprar un castillo con nuestra ayuda, si pudiese hacerlo. —Y, casi sin respirar, le preguntas— ¿Cómo está usted de tiempo, señor Fulano, hoy en la tarde para reunirnos personalmente y explicarle cómo trabajamos para ayudarle a vender su propiedad? ¿Le viene mejor a las 4 de la tarde o a las 6 de la tarde?

C.—Bien, sobre las 6 es perfecto.

A.—Muy bien, señor Fulano, si es tan amable, ¿me confirma la dirección del inmueble? Me dijo calle tal, edificio tal, … Señor Fulano, ¿el apartamento se encuentra a nombre de usted solamente, de usted y su esposa, o a nombre de una sociedad o fundación?

C.—Está a mi nombre y a nombre de mi esposa, ¿por qué me lo pregunta?

A.—Es recomendable que su esposa esté presente, siendo ella propietaria. Así participa. Señor Fulano, le confirmo nuestra cita para hoy a las 6 en la dirección del inmueble. Si le sucediera algo, algún cambio de última hora, por favor me da una llamadita. Facilíteme su correo electrónico, por favor, y ahora que cerremos la llamada le enviaré un correo de confirmación.

C.—Sí, mi correo es fulanodetal@gmail.com.

A.—Gracias nuevamente, nos vemos a las 6. Saludos.

P.—Vale, hasta luego.

Al finalizar esa llamada, debes contar con la dirección exacta: si es un edificio, nombre del edificio; si es una barriada, lo que se conoce como *gate community*, y es propiedad horizontal, nombre de la barriada, por ejemplo p. h. Tal; si no es un edificio y tampoco está en una barriada bajo la figura de propiedad horizontal, debes contar con el número de finca, o con el nombre de los titulares registrales, nombre y apellido completos como aparecen en su cédula o pasaporte. Toda esta información se requiere para localizar la propiedad en el Registro Público de Panamá. En Panamá funciona así: haces *log in* en la página web del Registro Público, www.registro-publico.gob.pa. En ella hay diferentes métodos de búsqueda. Todo está muy bien explicado, debes crear tu usuario y contraseña, y luego la información de la finca la encuentras en consultas registrales.

Preparando la cita
de captación

Entre las cosas fundamentales que forman parte de un agente inmobiliario profesional está el hacer buenas fotos. Eres extraordinario si cuentas con tu fotógrafo personal para hacer imágenes a tus propiedades, pero, si no es este el caso, te recomiendo invertir en una cámara profesional, nada costoso, las tienes en el mercado desde 350 balboas, dependiendo de la marca. Yo tengo una Fujifilm. Me han hablado bien de las cámaras Canon. Otro elemento importante es contar con un lente o un objetivo de 10 mm, que cubrirá un ángulo de visión de 110 grados aproximadamente, evitando el efecto ojo de pez, ese efecto que hace que la imagen se deforme y se vea curvilínea en lugar de una imagen plana con profundidad.

Si a ti te resulta bien hacer las imágenes desde tu teléfono celular, perfecto, no digo que no se pueda, la tecnología de los teléfonos avanza a pasos agigantados. En el momento en que escribo estas páginas está en el mercado el IPhone 11 PRO con un sistema de tres cámaras multifuncional de 12 megapixeles y ángulos focales de 13mm/26mm/52mm. Por el lado de los Android, está el Huawei P30 Pro, con tres lentes para alcanzar hasta 40 megapixeles. Sin embargo, es incomparable el nivel que tienen de resolución las imágenes al ser tomadas con una cámara profesional. Adicionalmente, causarás una mejor impresión con una cámara profesional, con un lente de 10 mm, un trípode y algo de equipo, pues eso comunica que te preocupas por los detalles. Así que tienes para escoger. En paralelo, se desarrolla la tecnología Matterport, y por unos 2200 dólares norteamericanos se puede adquirir una cámara de esta marca, que fotografía la propiedad en realidad virtual. Una vez has finalizado el reportaje gráfico con ella, podrás mirar el inmueble desde el dispositivo de tu preferencia como si estuvieses dentro. Con tanta tecnología, debes agradecer que estás viviendo la mejor época para ejercer esta profesión. De hecho, ya hay empresas que brindan el servicio de realidad virtual en Panamá, y supongo que se irá expandiendo esta tendencia al mundo, no tienes que comprar la cámara.

Una cosa fundamental para ir a la primera reunión presencial de la cita de captación es el ACM. ¿Qué cosa? Sí, el ACM o análisis comparativo de mercado, un informe que nos da el sistema del MLS donde se consideran y comparan ofertas residenciales similares a la que vas a captar. Te presenta tres categorías, los inmuebles que están activos —es decir, disponibles—, los que se han vendido y los que se han vencido. ¿Qué quiere decir cada categoría? Activos, vendidos y vencidos, te explican lo que le sucedió y está sucediendo a cada propiedad. La categoría Activos significa que está disponible para la venta; la categoría Vendidos significa que se vendió.

ATENCIÓN :

Debes tomar este precio como referencia de venta para el precio de la propiedad que vas a captar. La categoría Vencida, quiere decir que transcurrieron seis meses, el tiempo de vigencia del acuerdo MLS, y no se vendió, expiró.

ATENCIÓN :

Debes tomar en cuenta este precio como un precio de no venta. ¿Cuántas propiedades debes incluir en cada categoría para hacer la comparación? Al menos dos inmuebles para cada categoría, es decir, dos activos, dos vendidos y dos vencidos.

El sistema, luego que has elegido las propiedades a comparar, te arroja el informe en versión Word. Si deseas agregar algo, lo puedes hacer. Luego, si lo deseas, lo imprimes o lo guardas en PDF y te lo envías por correo, de tal forma que lo puedas usar desde tu teléfono en el momento de la visita de captación. Este informe es para dejárselo al propietario. Si es impreso, se lo dejas en mano y, si es digital, se lo envías por correo durante la reunión. Para más detalles de cómo hacer el ACM, el sistema del MLS cuenta con tutoriales, así como con manuales descargables en PDF. Ese informe de análisis comparativo de mercado le pertenece al dueño de la propiedad, es nuestro aporte, necesitas que se note cómo tu servicio agrega valor.

Debemos también aportar una presentación de los servicios, lo que en inglés se conoce como el *listing presentation*, que se traduce más o menos como 'presentación del listado', pero, en realidad, debería referirse a la presentación del servicio y el plan de mercadeo, lo que tu marca personal le aporta a la gestión de venta, qué actividades realizarás para que la propiedad tenga exposición y obtenga la aceptación del mercado atrayendo a ese comprador potencial que la quiere y la puede pagar. Debe contener una historia de tus logros como empresa, de ti como agente —aquí puedes mencionar premios, si los tienes, y puedes mostrar un poco el ego, sin pasarte de lo razonable—. Esto está bien y resulta hasta sencillo si cuentas con algo de experiencia, pero ¿qué sucede si estás comenzando y no tienes anécdotas que contar de ti? Cuentas las de la empresa en la que estás trabajando. Te lo pongo más desafiante, ¿qué sucede si no tienes experiencia y, además, no estás dentro de una empresa? Sencillo, hablas de tu motivación, de tu entusiasmo, de lo ilusionado y comprometido que estás con la profesión, de lo que te motivó a unirte al sector, que es la mejor profesión del mundo. Emociónate al contarlo, al escribirlo, para que se contagie cuando el propietario lo esté leyendo.

Acompaña este material con el material que nos brinda la plataforma, beneficios para el comprador, beneficios para el propietario, la explicación de lo que es el MLS, etc. Así se te hará más fácil explicarlo cuando el propietario te diga que no sabe lo que es el MLS. No olvides el folleto tríptico que se imprime semestralmente, donde se explica cómo se maneja la venta a través de la maravillosa experiencia que surge al contar con la ayuda de un agente de bienes raíces idóneo que pertenece al MLS. Si te encuentras fuera de Panamá y en tu localidad aún no cuentan con un MLS, ponte en contacto conmigo, estaré complacido de ayudarte a desarrollar uno para tu zona.

Posiblemente, todavía te estés diciendo «¿No le habíamos dicho al señor Fulano que ya teníamos un cliente?». Y yo te respondo, «¿Vas a dejar la suerte de esa propiedad en manos de un solo comprador?». Tienes toda la solución que le aporta tu servicio al propietario, así como el universo de compradores de todos tus colegas afiliados al MLS. Tu misión es salvar a ese propietario de su situación actual, él quiere realizar la venta de su propiedad. Es injusto y egoísta, desde el punto de vista humano, que, poseyendo tú la solución al problema del prójimo, no se la brindes porque dejas que la voluntad de una persona elija, es mucha injusticia. Así que, a pesar de tener a ese cliente o hacerle sentir que tienes ese cliente, vas a ir por más clientes, hasta que se la vendas. Algo importante a destacar es que tú solo, en solitario, representas poco, pero, en cambio, todos juntos en la comunidad MLS somos indetenibles. Por ello, la premisa es hacer crecer al MLS cada vez más, afiliando nuevas empresas, y estas empresas incorporando a más agentes, que a su vez estarán listando nuevas propiedades al sistema, una fórmula perfecta para el éxito de los clientes —tanto propietarios como compradores— a quienes servimos.

Con toda la información organizada en un folder o carpeta membretada con el logo de la empresa o de tu marca, asiste puntualmente a la cita. Permíteme ilustrarte sobre lo que es la puntualidad británica: si llegas 15 minutos antes de la hora, estás puntual; si llegas a la hora, llegaste tarde y, si llegas después de la hora, no estás presente. Por ello te pido que siempre llegues 15 minutos antes de la hora, de tal forma que te dé tiempo para organizarte antes de ir a la puerta de la propiedad. Si, por alguna razón, debes aplazar el tiempo de tu llegada, maneja tus citas con anticipación, con 2 o 3 horas de tiempo anticipado, y así sabrás si vas retrasado y podrás ir anunciando cambios. Haz los ajustes en tu agenda. No esperes a última hora para anunciarlos, llama de inmediato a las partes involucradas, en lugar de dejar esperando al propietario. Eso dice mucho de ti, que eres responsable y valoras el tiempo de los demás.

Una vez en el inmueble con todas tus herramientas, llama al propietario y le informas, te anuncias con el guardia para que te deje pasar y estacionar en el *parking* de visitas, en caso que uses auto.

Diálogo de la visita de captación

Una vez que te encuentres en el apartamento, llama al timbre. Ding, dong.

C.—Voy, ya le abro. Hola, buenas tardes.

A.—Hola, señor Fulano, es un gusto conocerlo. ¿Puedo pasar?

Es importante que te inviten a entrar o que te concedan el permiso, no entres sin solicitarlo.

A.—Como le comenté en la llamada, mi nombre es Zutano de Cual. Aquí le dejo mi tarjeta. Trabajo para la empresa CUAL S. A. y estoy aquí para conocer la propiedad. Luego de conocerla, dispondremos de unos minutos para explicarle brevemente nuestra forma de trabajar y lo que hacemos para vender su casa (o apartamento) más rápidamente.

P.—De acuerdo, eso suena muy bien, pero ¿todo esto es necesario? Pensé que ya tenían un comprador.

A.—Lo tenemos, sin embargo, esa persona desconoce los detalles del inmueble, además, no es justo dejar a la suerte de un solo comprador el futuro de la venta de su propiedad. ¿Me muestra el inmueble, por favor?

P.—Sí, con gusto. Ella es mi esposa, la señora Fulana.

A.—Un placer, señora Fulana, mi nombre es Zutano de Cual, siento que la conozco de algún lado, que la he visto en otra parte, su cara me resulta familiar. Cuando me acuerde, se lo digo.

Genera confianza, este es el recorrido en el que vas a relajar el ambiente e intentarás dejar de ser un desconocido para pasar a ser el agente inmobiliario que represente esa propiedad. Durante el recorrido, encuentra rasgos positivos de la propiedad y menciónalos, felicita al propietario por lo bien conservada que la tiene, sin exagerar, hay diferencia entre un elogio honesto que sale del corazón y una adulación barata que tiene poco valor en el mercado. Por ejemplo, si notas que la vista desde la cocina es bonita, lo mencionas.

A.—Qué bonita vista hay desde esta ventana, ya visualizo a esa ama de casa cocinando y, de vez en cuando, deleitándose con el panorama que se ve a través de ella.

C.—Sí, la verdad que a mi esposa le encanta esa ventana, es una de las cosas que va a extrañar de este apartamento.

¿Lo ves?, estás generando confianza. A raíz de tu comentario, ya te está hablando de lo que le gusta a la esposa, lo cual es bueno. También habrá ciertos detalles a corregir de la propiedad que surgen en este momento. Es recomendable que hagas la observación. Por ejemplo, una mancha de humedad; desearíamos que no estuviese y, sin embargo, allí está. Tu deber es preguntar por lo que va a ocurrir con esa mancha.

A.—Señor Fulano, ¿qué hacemos con esta pequeña mancha de humedad en el techo?

C.—Ah, sí, sí, la debo corregir, ya la constructora está en ello, a pesar de que no está en garantía, me han prometido que vendrían a repararla.

A.—Vale, sí, lo recomendable sería repararla lo antes posible, antes de traer a alguien a visitar la propiedad.

Y así en diferentes detalles. Luego del recorrido, pasen a la mesa del comedor, es un lugar ideal, allí se suelen hacer las tareas de la escuela y plasmar grandes ideas en papel. Si no hay muebles, llévatelo a la cocina, necesitas una mesa donde apoyar los papeles para el momento de la firma. Ancestralmente, las conversaciones de confianza ocurren en la cocina. Pregunta lo que se incluye con el precio del apartamento (o casa), es decir, lo que se queda y lo que ellos retiran del mobiliario, y aprovecha para anotarlo en tu acuerdo MLS, en el espacio correspondiente para ello. Hazlo con detalle, no quieres resultar sorprendido al momento de tener al comprador delante y que el propietario te diga que los aires acondicionados no estaban incluidos en el precio, por darte un ejemplo. Debes ser detallista en este momento. Avancemos.

En este momento damos paso a la firma del acuerdo MLS y a la negociación del precio de venta. Todo tiene su biorritmo, habrá propietarios más veloces que te lo firmen a la primera y te bajarán el precio en ese momento, así como también encontrarás propietarios que requieran más explicación y entender bien de qué va el asunto. Vamos a concentrarnos en estos últimos, que son los que te llevarán a hacer uso pleno de tu conocimiento inmobiliario. Usarás el mismo método para todos, la idea es que desarrolles un hábito de hacer la labor, que lo hagas sistemático y esquematizado. Aunque cada propietario es diferente, la recomendación es apegarte a esta estructura ordenada del discurso.

ATENCIÓN:

Con esto lo que quiero es que te crees una rutina, una regla, un procedimiento que facilite tu labor de captar.

Sin embargo, tus habilidades comunicacionales son indispensables, mejóralas siempre. Te recomiendo buscar en Google la comunicación según la programación neurolingüística o PNL, lee todo lo que puedas acerca de esto. Esta teoría explica cómo la gente se relaciona y percibe el mundo que la rodea a través de los sentidos. Clasifica a las personas de acuerdo al sentido que predomina en ellas para decodificar las señales y los estímulos provenientes del mundo exterior. Tenemos a las personas visuales (ellas *ven* el mundo), las auditivas (ellas *escuchan* el mundo) y las kinestésicas (ellas *sienten* el mundo).

Continúo con el dialogo:

A.—¿Nos ponemos por aquí? Bien. Les presento el acuerdo del MLS, lo he traído prerrellenado, aquí básicamente se establece la descripción de las partes: yo, como su agente de bienes raíces junto al nombre de mi empresa, y luego ustedes, como propietarios. Confirmemos que esta información es correcta. Bien. En este espacio colocaremos el precio que acordemos, en un momento pasaremos a hablar de ello. Cosas importantes de este documento: es un contrato de adhesión, lo que significa que no puede ser modificado; la persona que lo acepta se adhiere al acuerdo tal como está escrito, es algo así como los términos y condiciones que se deben aceptar para lograr afiliarse a un servicio de telefonía celular o como cuando van a descargar una aplicación en el móvil y se solicita que esté de acuerdo, este igual. La vigencia del acuerdo es por seis meses, sin embargo, la estadística promedio de venta en este momento la tenemos en tres meses para propiedades con estas características. Debemos aprovechar el primer mes, en el que suele surgir la mayor cantidad de personas interesadas, tanto de nuestra base de datos como de la exposición en medios. En este espacio se establecen los honorarios, que son el 5 % más itbms del precio de venta. ¿Alguna inquietud hasta este momento?

C.—No, hasta el momento todo bien. Bueno, aunque sí, ahora que lo pregunta, ¿es esto una especie de exclusividad? Mi cuñada me ha dicho que no firme ninguna exclusividad y que, si llego a trabajar con agentes de bienes raíces, que se lo dé por lo menos a cinco o seis agentes, no menos de eso.

A.—Más que un acuerdo exclusivo, es un acuerdo inclusivo, ya que en este documento se incluyen a los más de 400 agentes idóneos que trabajan conmigo en la comunidad de MLS Acobir. Yo represento a la propiedad. Todo viene muy bien explicado en esta gráfica. Observará que existen tres formas de comercializar su propiedad. «Listado abierto», según el cual usted se la da a muchos agentes, pues piensa que así se venderá más rápido; lamentablemente, los agentes que la tienen se sienten desmotivados e inseguros del trabajo que realizarán para vender la propiedad, no se comprometerán con usted. Luego tiene el «listado exclusivo», que es lo que su cuñada le ha solicitado no firmar, y yo tampoco lo recomiendo, ya que en ese caso usted le entrega el control a un agente que no comparte el listado con otros agentes, y en este escenario usted corre el riesgo de que ese agente en solitario no sea capaz de venderlo al carecer de una red de mercadeo, como lo es la MLS. Y, finalmente, tenemos la MLS que es una combinación de las dos anteriores, ya que combina la inclusión de toda la red de agentes de bienes raíces —más de 400 agentes, hasta el momento— con la representación de uno de ellos. Usted contará con la fuerza de venta de toda la red y se entenderá solo con uno de ellos, el que usted escoja, que en este caso sería yo.

A partir de este momento, seré el representante de la propiedad. Conformaremos una alianza, ustedes como propietarios, mis compañeros de la MLS y mi empresa, trabajando juntos por la venta de su propiedad. Yo invierto tiempo, dinero y energía con la única finalidad de conseguir la venta.

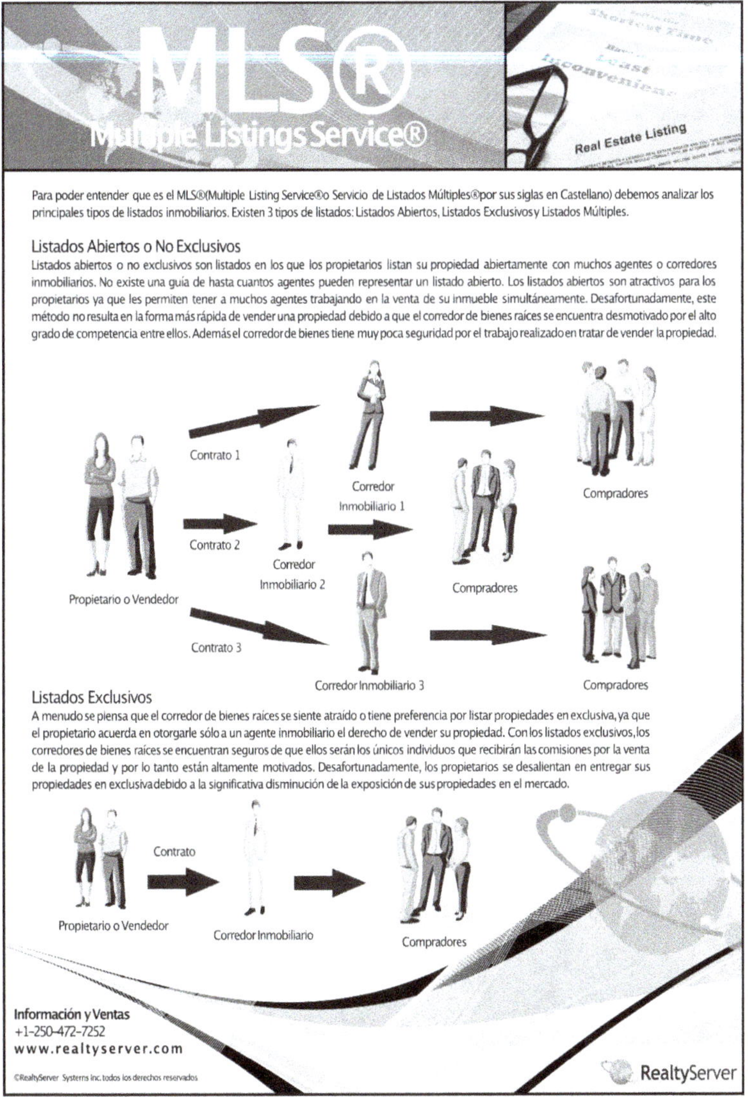

Para poder entender que es el MLS®(Multiple Listing Service®o Servicio de Listados Múltiples®por sus siglas en Castellano) debemos analizar los principales tipos de listados inmobiliarios. Existen 3 tipos de listados: Listados Abiertos, Listados Exclusivos y Listados Múltiples.

Listados Abiertos o No Exclusivos

Listados abiertos o no exclusivos son listados en los que los propietarios listan su propiedad abiertamente con muchos agentes o corredores inmobiliarios. No existe una guía de hasta cuantos agentes pueden representar un listado abierto. Los listados abiertos son atractivos para los propietarios ya que les permiten tener a muchos agentes trabajando en la venta de su inmueble simultáneamente. Desafortunadamente, este método no resulta en la forma más rápida de vender una propiedad debido a que el corredor de bienes raíces se encuentra desmotivado por el alto grado de competencia entre ellos. Además el corredor de bienes tiene muy poca seguridad por el trabajo realizado en tratar de vender la propiedad.

Listados Exclusivos

A menudo se piensa que el corredor de bienes raíces se siente atraído o tiene preferencia por listar propiedades en exclusiva, ya que el propietario acuerda en otorgarle sólo a un agente inmobiliario el derecho de vender su propiedad. Con los listados exclusivos, los corredores de bienes raíces se encuentran seguros de que ellos serán los únicos individuos que recibirán las comisiones por la venta de la propiedad y por lo tanto están altamente motivados. Desafortunadamente, los propietarios se desalientan en entregar sus propiedades en exclusiva debido a la significativa disminución de la exposición de sus propiedades en el mercado.

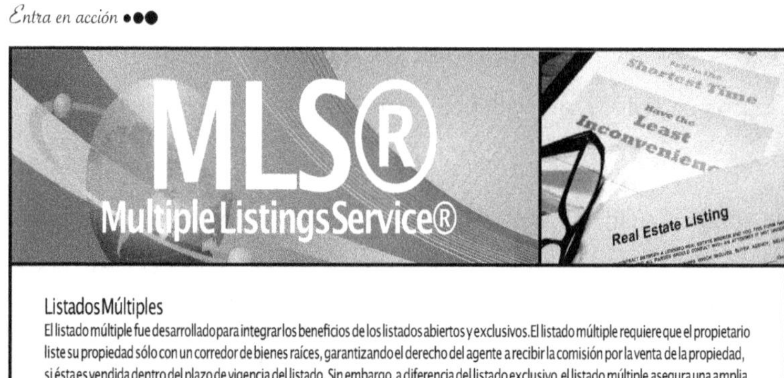

Listados Múltiples

El listado múltiple fue desarrollado para integrar los beneficios de los listados abiertos y exclusivos. El listado múltiple requiere que el propietario liste su propiedad sólo con un corredor de bienes raíces, garantizando el derecho del agente a recibir la comisión por la venta de la propiedad, si ésta es vendida dentro del plazo de vigencia del listado. Sin embargo, a diferencia del listado exclusivo, el listado múltiple asegura una amplia cobertura de mercado ya que cualquier agente inmobiliario tiene el derecho de vender la propiedad y compartir la comisión. En el servicio de listado múltiple hay dos tipos de corredores o agentes inmobiliarios: el corredor de bienes raíces que lista una propiedad y el corredor de bienes raíces que vende la propiedad, y ambos comparten una comisión. El agente que lista la propiedad representa al propietario o vendedor y es responsable por atraer atención a la lista, mientras que el corredor de bienes raíces que vende representa al comprador y es responsable por encontrar un inmueble que satisfaga las necesidades de su comprador.

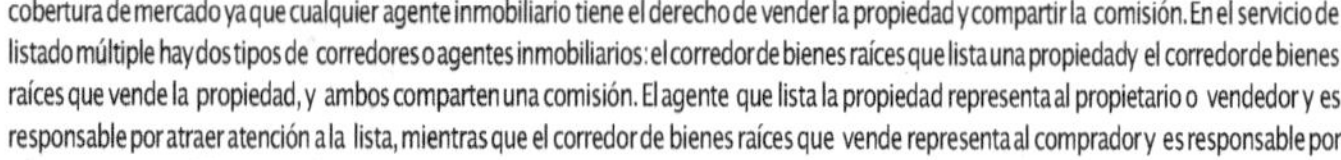

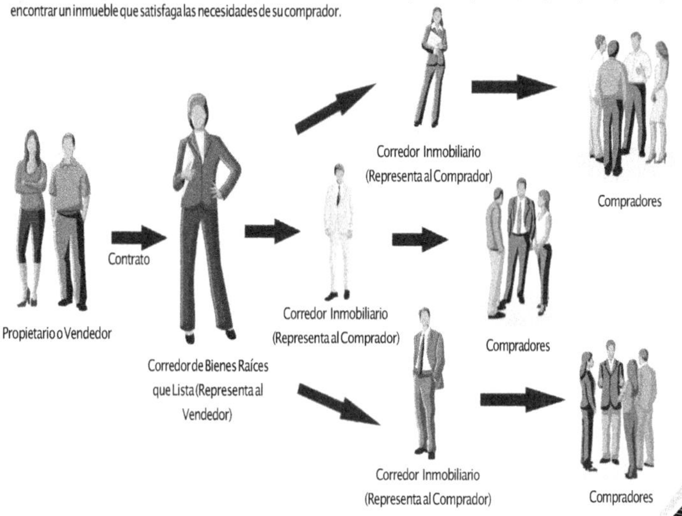

Las asociaciones de bienes raíces fueron creadas como resultado del intercambio de la información entre agentes asegurando que los listados obtengan una completa cobertura de mercado.

El Servicio de Listado Múltiple brinda a los agentes la seguridad en el pago de su comisión, permite que los propietarios alcancen máxima cobertura de mercado de sus propiedades y ofrece a los compradores potenciales una lista completa y detallada de propiedades para la venta.

Información y Ventas
+1-250-472-7252
www.realtyserver.com

RealtyServer

C.—Entendemos.

A.—Les hago la siguiente observación: una vez la propiedad se encuentre posicionada en diferentes portales, como en efecto lo va a estar, es muy probable que vengan personas que en alguna ocasión estuvieron interesadas o conocieron la propiedad, y ellas intentarán contactarlos directamente; por favor, indíquenles que se pongan en contacto conmigo, ustedes me facilitan su contacto y a partir de ahí yo me encargo. Si la persona es un corredor, yo acordaré con él o ella compartir la comisión; si la persona es un comprador final, no es corredor, digamos que es su vecino, un familiar, su primo, un conocido o simplemente una persona que se enteró de que el apartamento está en venta, dio con sus números de contacto y les llama, de igual forma le dicen que se ponga en contacto conmigo, me facilitan su contacto y, en ese caso, por venir el cliente referido de ustedes, la comisión es compartida con ustedes, es decir, pagan solo el 50 % de honorarios, yo igual realizo el trabajo representando la propiedad y sirviendo a la propiedad como su agente de bienes raíces.

C.—Nos parece injusto que, si me llega el comprador final, debamos pagar alguna comisión.

A.—Los comprendo, entiendo que les parezca injusto pagar comisión si el comprador les ha llegado directo. Les explico, cuando damos de alta una propiedad en la web de mi empresa, la propiedad pasa automáticamente a redes sociales. Seguidamente a eso, enviamos un correo masivo y mensajes de WhatsApp a una base de datos de clientes compradores. Se la da de alta en el MLS y automáticamente se envían correos a los más de 400 usuarios que somos en esta plataforma, colegas, idóneos, cada uno de ellos maneja una base de datos de compradores, es decir, en las siguientes 48 horas toda la ciudad se entera de que su propiedad está a la venta. Señor Fulano, todo el esfuerzo y la inversión de dinero y tiempo que mi empresa y yo realizamos en el inmueble tiene la finalidad de ayudarlo a que venda y la promesa de que, cuando suceda, cobraremos todos, por eso es que le digo, somos socios en esto, estamos apostando al éxito de esta operación.

C.—Entiendo. La semana pasada le mostré el apartamento a una persona que está por decidir si lo compra, ¿también debo darle comisión a usted?

A.—Qué buena pregunta, mire lo que hay en este acuerdo, apúnteme la persona o todas las personas que usted considera que podrían comprar el apartamento en los próximos catorce días calendario. Si eso sucede, no me debe pagar comisión. Una vez se cumpla el lapso de tiempo, todos los posibles compradores deben ser atendidos por mí, procedemos de la forma que le comenté, me refiere al comprador, yo me encargo del resto. Por favor, su firma y la de su esposa en la línea arriba de sus nombres.

C.—De acuerdo, Zutano, suponga que firmamos, ¿qué sucede si en tres meses no nos ha vendido la propiedad?

A.—La vigencia es por seis meses. Espero venderlo en menos tiempo, porque cada día que pasa perdemos dinero, mi empresa invierte en campañas de *marketing*, tener la propiedad en el inventario nos cuesta dinero y es parte del servicio que le ofrecemos. Si no se vende al vencimiento del contrato, dependerá de cómo haya resultado mi servicio, renovamos por seis meses o tres meses más, lo que consideremos adecuado, para así darle continuidad a la fuerza que trae la campaña de *marketing*. Mensualmente le enviaré un informe del comportamiento de la propiedad en el mercado, llamadas, visitas, visitas en la web, y de esta forma analizamos la evolución de la oferta. Tengo muchas herramientas para conseguir la venta de su apartamento. ¿Alguna otra inquietud adicional hasta ahora señor Fulano, señora?

C.—No, hasta el momento he entendido todo. ¿Y tú, cariño?

C2.—Todo está claro hasta ahora, ¿Cuándo hablaremos del precio? Nos comentó que hablaríamos de eso. Díganos, ¿el precio de 260 000 está bien?, ¿qué le parece?

A.—Perfecto, habiendo aclarado el acuerdo MLS, avanzamos...

Pero, antes de hablar del precio directamente, cuéntenme, ¿por qué venden el apartamento?

C.—Lo que sucede es que nos mudamos del país. A mí me trasladaron y no queremos conservar el apartamento. Pensamos en alquilarlo, pero igual sentimos que se deteriora. La gente no lo cuida. Básicamente es eso, no hay urgencia económica, solo queremos tenerlo vendido para cuando toque partir.

A.—Antes que les toque partir, entiendo. ¿Cuándo les toca?

C.—Disponemos de tres meses, deberíamos tener la venta realizada o, al menos, con el comprador localizado a más tardar en tres meses, a partir de este momento. Para ese entonces debemos decidir qué muebles enviaremos a nuestro nuevo destino, porque la empresa me cubre los gastos de la mudanza. Queríamos ver si al comprador le interesan los muebles y dejarlos. Después de esos tres meses, si quisiera llevármelos me tocaría pagar. No quiero hacer eso, y tampoco los quiero regalar.

A.—Veo que los muebles son importantes para ustedes. Yo valoro eso, les haré saber esto a los futuros compradores. Siento que estamos con el tiempo ajustado, debemos movernos rápido. ¿Me dijeron que el precio de venta que tienen en mente es 260 000 balboas?

C.—Nosotros habíamos pensado en 260 000 balboas, pero queremos que usted, que es el experto, nos diga cuál es el precio correcto.

A.— Entiendo… ¿Ustedes me permiten que les diga lo que pienso que deben escuchar o prefieren que no les diga nada y simplemente tome la propiedad al precio que están solicitando?

Siempre debes contar con la aprobación o el consentimiento del propietario para sugerirle el precio correcto.

C.—Sí, sí, por supuesto, díganos lo que sea, la verdad, nosotros queremos la realidad.

A.—Perfecto, gracias por la confianza. Antes de venir aquí, me tomé el tiempo para realizar un ACM, un análisis comparativo de mercado. Es un informe que elaboro con la finalidad de obtener un precio adecuado para su apartamento. En dicho informe analizo exhaustivamente el valor de los apartamentos similares al suyo que se encuentran activos, es decir, que están a la venta, disponibles. También analizo los que se han vendido, para conocer el precio de venta real, de tal forma que ahorremos tiempo de venta con el de ustedes. Para venderlo, debemos colocarlo allí. Y, finalmente, analizo los vencidos, que son aquellos que estuvieron a la venta —usualmente a un precio fuera de mercado— por seis meses y no se vendieron. A estos últimos, el sistema los saca automáticamente de la página web, a menos que el propietario entre en razón, escuche a su agente de bienes raíces y siga las instrucciones emitidas por él para devolver la propiedad al mercado por otro periodo de común acuerdo, pero esta vez para auténticamente conseguir la venta. Yo uso un rango de tiempo de seis meses para las tres categorías, de tal forma que tengo la información actualizada. Adicionalmente, dispongo de acceso al Registro Público para ver lo que se ha vendido precisamente en esta torre y para saber exactamente cuál es el precio de venta real efectivo, es decir manejo toda la información. Ahora bien, les explico, los listados activos son los inmuebles que están allí a la venta, publicados, pero al final de cuentas no se han vendido, por alguna razón el mercado no los ha absorbido. Luego están los listados vendidos, que son las propiedades vendidas, las que auténticamente se vendieron, el mercado las absorbió. Y, finalmente, se encuentran los vencidos, aquellas propiedades que luego de seis meses de estar allí listadas no se venden y, para que se mantengan en el sistema, se debe renovar el acuerdo y extender la fecha de vencimiento, siempre que el propietario entre en razón. Recapitulando, hay listados activos, vendidos y vencidos. ¿Dónde les gustaría que estuviese su apartamento?

C.—En la lista de los vendidos, por supuesto.

A.—Pues, para estar en la lista de vendidos, debemos bajar el precio a 185 000.

Silencio sepulcral, espera a que reaccionen ellos.

P.—¡Pero no puede ser! Mi vecina me ha dicho que ella vendió en

250 000, y su apartamento está unos pisos más abajo. Por eso, lo último que nosotros aceptaríamos es 250 000.

Esta cifra es tu punto de partida a la meta, conseguir que el apartamento lo bajen a 185 000, la cantidad que según los comparativos y las estadísticas se vende. ¡Ánimo!, esto apenas comienza. Diviértete, es como un juego.

A.—El ACM nos dice que, poniéndolo en 250 000, pasaran seis meses y el apartamento no se va a vender. Ustedes me han dicho que en tres meses debe estar vendido. Estamos hablando de que su apartamento tiene un metraje de 100 m², 10 años de construcción, es un edificio bien conservado, con buena ubicación, muy similar a los que disponemos como comparables. Si lo dejamos en 2 500 balboas el m² pasará lo siguiente: en quince días, ustedes me van a llamar preguntando qué sucedió con la venta, «¿Qué ha pasado, que no has traído ningún cliente?». En ese momento les aconsejaré, tal como hoy, que bajemos el precio, pero me dirán, «No, no, solo han pasado quince días, démosle otros quince más, hablamos entonces». El detalle es que durante los primeros treinta días se recibe la mayor cantidad de compradores atraídos por la exposición en medios, así como las personas que ya forman parte de la base de datos de mi empresa y de las empresas que forman parte del MLS Acobir, de ahí surge el comprador. Si estas primeras personas sienten que la propiedad está fuera de precio, no se van a interesar ni siquiera en hacer ofertas. Bajándolo a 185 000 lograremos muchos compradores, muy motivados, y la venta se dará rápido y en su precio. Coloquémoslo en 185 000 balboas.

C.— Verá…, ¿cuál es su nombre? Recuérdemelo, por favor.

A.—Zutano de Cual.

C.—Bien, Zutano, sucede que nuestro plan es vender el apartamento por el traslado, pero adicionalmente nuestra hija, que ya es mayor de edad, se quedará aquí, en Panamá, ella está en la universidad, la queremos ayudar con el pago de su anualidad y comprarle un carro nuevo, porque el que tiene siempre le está fallando.

A.—Entiendo, quiero que sepan que para mí es muy importante la universidad de su hija, así como el carro que le quieren comprar, y lo valoro. De hecho, yo podría recomendarles con un amigo que tiene un concesionario de autos usados, me dicen la marca de su agrado y yo los ayudo, con gusto puedo hacer eso por ustedes, pero, por lo pronto, lo crítico es la venta del apartamento.

C.—Gracias Zutano, no se preocupe por lo del automóvil, concentrémonos en la venta del apartamento. El hecho es que en 185000 no me salen las cuentas, no nos alcanza.

A.—Sí, yo comprendo que no les alcanza, sin embargo, si no les alcanza con 185000, menos les alcanzará si el apartamento no se vende. ¿Cuál sería su último, último precio?

P.—Puede bajarlo hasta 220000, nada menos.

Seguimos avanzando hacia nuestra meta de 185000. Esto es como una maratón, para los familiarizados con las carreras, a diferencia de una de velocidad, esto es una carrera de resistencia, resiste, ¡ánimo! Y hazlo divertido, es como un juego.

A.—220000 y 250000 es lo mismo, continúa siendo un precio de no venta. Les he traído esta laminilla, es para ustedes.

En la próxima gráfica les muestro que vender su propiedad es como irnos de pesca. Imaginen que nos vamos de pesca, e imaginen también que en esta pesca remplazamos al anzuelo tradicional y en su lugar colocamos la propiedad (en este caso, el apartamento), pero, además, háganse cuenta de que estos peces que están mirando aquí abajo no son peces, sino que son los clientes, con la misma hambre que los peces tienen por comer la carnada (en este caso, comprar su apartamento). Finalmente, está nuestro bote. Imaginen que ese bote soy yo y la empresa a la que represento, contamos con un dispositivo de última tecnología, una sonda que localiza bancos de peces (clientes). Pues bien, sabiendo esto, emprendemos la travesía o el paseo —mejor, el paseo, *travesía* suena como un trayecto muy largo y esto va a ser rápido y sencillo—. ¡Vamos en la embarcación y el dispositivo comienza a pitar pip pip pip pip… pip… pip… pipipipipipipí! Nos detenemos allí, soltamos el ancla y tiramos la carnada a ver qué pica. No es cuestión de tirar la carnada, es cuestión de tirarla y llevarla al nivel adecuado en donde se encuentra esa cantidad de peces deseosos, hambrientos por la carnada. Si la colocamos en este primer nivel, 260 000, como habían pensado en colocarla al principio, el precio está alto, fuera de mercado, no obtendremos llamadas, no habrá visitas, no habrá ni siquiera interesados. Debemos bajar la carnada hasta donde estén ellos. Si bajamos el precio a 220 000, puede que uno u otro pez se acerque, algún curioso, visitador de propiedades, que los hay expertos, curiosos visitadores, pero no compradores comprometidos a comprar. Por ello, no será hasta que lo bajemos a 185 000, que es el histórico que tenemos de venta real y efectiva, que los peces van a picar y conseguiremos muchos compradores, bien elegidos, muy motivados, de los cuales sabemos lo que quieren, sabemos cómo lo quieren y, lo más importante, sabemos que lo pueden pagar.

Precio MUY ALTO, no hay llamadas, no hay interesados, no hay visitas.

Precio de portales, pocas llamadas, puede que haya visitas de curiosos, visitadores profesionales.

C.—Está bien, le entiendo, bájelo a 210 000, de ahí no puedo bajar más.

A.—Vale, señor Fulano, ¿ese ya sería su último, último precio?

C.—Sí.

Aún te queda una carta más por utilizar.

A.—¿Qué sucede si alguien me llama y me oferta menos, me oferta 185 000, por ejemplo, ¿qué hago? ¿Le llamo o no le llamo?

C.—Claro, llámenos, sí, sí. Siempre llámenos, es posible que lleguemos a ese precio, sin embargo, de salida no se lo puedo dar, porque al final siempre piden rebaja, y estaremos muy ajustados.

A.—Vale, dejémoslo anunciado en 190 000 con la posibilidad de bajarlo a 185 000.

C.—Sí, hasta 185 000 y no lo bajamos más.

Felicidades para Zutano, lo ha conseguido bajar desde 260 000 a 190 000, con la posibilidad de bajar aún un poco más, a 185 000. Este apartamento cuenta con altas posibilidades de ser vendido en los próximos días. Abro un paréntesis aquí: es posible que, por condiciones de mercado, la bajada de precio sea mayor o menor, eso dependerá de lo que te diga el ACM, análisis comparativo de mercado que tú desarrolles.

A.—Por favor, confírmenme con su firma el acuerdo.

C.—¿Qué hacemos, mi amor? —Se miran entre ellos.

C2.—Vender, mi vida, vender, nuestro porvenir está en el nuevo destino, ya nuestro capítulo en este apartamento pasó —le dice ella a él.

C.—De acuerdo, preciosa, adelante Zutano, dame la pluma, aquí firmo yo. Tú, mi amor, aquí. Gracias, Zutano, ahora, ¿cuál es el siguiente paso?

A.—Perfecto, los felicito, han tomado una excelente decisión. Mañana vendré con mi equipo profesional para hacer el reportaje gráfico. Les pido, por favor, que despersonalicen la casa lo más que puedan, a partir de este momento el apartamento va a ser visitado por compradores potenciales que desean ver la propiedad y sus atributos. Quiten cuadros y fotos de familia, vayan empacando esas cosas, envuélvanlas y colóquenlas en una caja para la mudanza. Deben reparar cuanto antes la mancha de humedad, no es recomendable traer a un potencial comprador y que vea eso. El apartamento está bastante neutro en el color de las paredes, lo cual es muy bueno; adicionalmente, está bastante bien conservado. Nos vemos mañana para el reportaje gráfico. ¿Les parece mejor en la mañana o en la tarde?

C.—En la mañana es ideal, en la tarde no estaremos.

A.—Perfecto, nos vemos a las 10, ¿les parece bien?

C.— Sí, nos vemos a esa hora, lo esperamos.

A.—Aquí les dejo un listado de aspectos a tomar en cuenta para el orden del apartamento.

Entra en acción ●●●

C.—En la mañana es ideal, en la tarde no estaremos.

A.—Perfecto, nos vemos a las 10, ¿les parece bien?

C.— Sí, nos vemos a esa hora, lo esperamos.

Preparando su inmueble para la venta

¡La primera impresión cuenta!

Con una pequeña inversión de tiempo y dinero, podemos dar a su inmueble una ventaja sobre otros inmuebles en el área, cuando llegue el momento de mostrarlo a un posible comprador.

ESTAS SON ALGUNAS SUGERENCIAS QUE LE AYUDARÁN A OBTENER UN VALOR DE MERCADO SUPERIOR.

LIMPIEZA IMPECABLE

- ☐ Lave los tapetes y alfombras.
- ☐ Limpie la lavadora, la secadora y las tinas.
- ☐ Limpie el horno.
- ☐ Limpie el refrigerador y la cocina.
- ☐ Limpie y refresque el baño.

LA PRIMERA IMPRESIÓN

- ☐ Limpie y ponga en orden la entrada.
- ☐ Asegúrese de que el timbre esté funcionando.
- ☐ Pula la puerta de entrada.

VISTA ESPACIOSA

- ☐ Ordene las escaleras y los pasillos.
- ☐ Guarde el exceso de muebles y adornos.
- ☐ Tenga los armarios limpios y desalojados.

EL AMBIENTE PARA EL COMPRADOR

- ☐ Auséntese durante la visita del comprador.
- ☐ Prenda todas las luces.
- ☐ Abra las cortinas en el día.
- ☐ Ponga música instrumental de fondo.
- ☐ Mantenga a las moscas afuera.

MANTENIMIENTO EN GENERAL

- ☐ Aceite las puertas que hagan ruido.
- ☐ Ajuste los tiradores de las puertas y cajones.
- ☐ Reemplace las bombillas quemadas.
- ☐ Limpie y repare las ventanas.
- ☐ Retoque la pintura dañada.
- ☐ Repare las grietas de las paredes.
- ☐ Repare los aparatos sanitarios que goteen.

ATRACTIVO EXTERIOR

- ☐ Corte el césped.
- ☐ Recorte los arbustos.
- ☐ Quite la maleza del jardín.
- ☐ Recoja cualquier basura.
- ☐ Limpie las hojas de los árboles del jardín.
- ☐ Retoque la pintura exterior.

El reportaje gráfico

(Al día siguiente:) A.—Buen día, ¿cómo se encuentran? Aquí estoy con mi equipo para hacer las mejores imágenes de su apartamento. C.— De acuerdo, adelante.

Un buen reportaje gráfico con imágenes, video, dron e imágenes de 360° puede consumir de una hora y media a dos horas. Esfuérzate, no escatimes en calidad, lo ideal es contar con un fotógrafo profesional que lo haga; si esto no es posible, como dije antes te recomiendo invertir en una cámara con lente de 10 mm, como básico, luego en el dron y en la cámara de 360°, que te da visión de realidad virtual.

Realizarás la captura de la fachada del edificio de tal forma que las puntas superiores del mismo entren dentro del marco de enfoque, así como todo lo inferior posible. Aléjate lo suficiente para capturar todo en una sola imagen, busca un ángulo que tenga la menor obstrucción posible, evita cables de alumbrado público y presencia de autos. Si estás en una casa, por favor, solicita que te muevan los automóviles de la fachada. Toma la imagen del *lobby*, ubícate en las esquinas del área y captura las otras tres esquinas dentro del marco de enfoque. Toma la imagen de los elevadores o ascensores, las imágenes del área social del edificio y de todas las áreas sociales. Luego, en el apartamento, captura imágenes del interior completo, sectoriza los espacios, ubícate en las esquinas de las áreas para capturar las otras tres esquinas restantes y todos los elementos que se encuentran dentro, así vas área por área. Recuerda usar mucha luz, abre ventanas, enciende lámparas, organiza el reportaje gráfico del apartamento por área, la entrada o antesala, sala, comedor, balcón, la vista desde el balcón, cocina, baño de visitas, lavandería, cuarto y baño de empleada, todas las recámaras o habitaciones, todos los baños. Por favor, quita cualquier elemento distorsionador de la imagen y fuera de contexto, por ejemplo, zapatos, ropa tirada o mal colgada, camas desordenadas; si la tapa del inodoro está arriba, debes cerrarla, y ocultar los cables de los equipos electrónicos, entre otras cosas. Para más información, haz una búsqueda en google, técnicas de *home staging,* encontrarás mucha información al respecto, también te dejo un par de enlaces de Youtube:

https://youtu.be/RmsDZNRMocE   https://youtu.be/dqqj-VQpV4E

El uso del dron es igualmente beneficioso, aprovecha para realizar tomas aéreas de la fachada, de los espacios abiertos de la propiedad, tanto en video como en imágenes. Una vez finalizado el reportaje gráfico, seguimos:

A.—Gracias, señores Fulanos, por su tiempo, me voy a la oficina. Tan pronto edite las imágenes, paso a publicarlas en la web y en todos los portales con los que tenemos convenio. Les enviaré el enlace para sus comentarios. Por favor, si ven algún detalle, algo que no esté correcto, coméntenmelo para corregirlo. No queremos esperar a tener el comprador delante para darnos cuenta de que había un error en la información.

C.— Vale, Zutano, quedamos atentos, gracias por venir y ser puntual, saludos.

A.—A la orden, hasta luego.

¿Y qué hacemos ahora?

Dar de alta la propiedad en el sistema

Lo antes posible, despedirse de los propietarios y, a partir de este momento, nada es más prioritario que ir a tu computador para hacer el procesamiento del material gráfico.

Descarga todas las imágenes, haz la edición de las mismas, mejora lo que consideres de cada una, escanéa el acuerdo MLS y organiza la información para ser subida a internet según tu plataforma tecnológica. Te explico cómo se hace en el MLS de Acobir.

Para dar de alta una propiedad, el sistema te solicita que incorpores el acuerdo MLS como documento de soporte. Luego, ve rellenando los campos obligatorios y los opcionales que, por su relevancia, consideres oportuno incluir. Así, cuanta más información incorpores, más fácil será para ti y tus colegas explicarle el inmueble al comprador. No hay nada mejor al momento de presentar un inmueble que hablarle con tanta propiedad, seguridad y confianza como si tú hubieses hecho la captación.

En el campo de la descripción y el título, por favor rellena el total de caracteres permitidos en español o, al menos, un 75 %, no te conformes con menos, describe la propiedad de tal forma que el comprador pueda situarse fácilmente en ella. Piensa en lo que sentirá la persona cuando esté leyendo la reseña del inmueble, es decir, léete a ti mismo.

Posiblemente estés pensando, ¿y todo este trabajo por una propiedad de 200 000? Esto merecería la pena para propiedades de mayor valor. Pero yo te digo que no se trata de la propiedad en sí, concéntrate más en el hábito de hacer que estás adquiriendo, el hábito es más importante que la cantidad. Cuando me inicié, me dejé llevar por esta creencia, yo decía «Oh, no, eso es una propiedad de 80 000» y bajaba la guardia, era mediocre con esa propiedad, no me di cuenta de que las acciones cuentan en todo momento, porque la manera en que haces cualquier cosa es la manera en que lo haces todo. Complementando lo anterior, estamos hablando de tu reputación como profesional y de la confianza que generas. Adicionalmente de que se trata de tu vida y el impacto que tus acciones tienen en otras vidas, toma la resolución de ser profesional. Alguien en algún momento dijo: «Los pequeños detalles marcan las grandes diferencias». Por eso, no te conformes con menos, da igual si es una propiedad en venta o en alquiler, si es de mediano lujo o de superlujo, debes dar lo mejor de ti para sacar la mejor cara de ese inmueble.

Seguidamente a la descripción, se fija la ubicación exacta del inmueble, cuanto más exacta, mejor para los compradores. ¿Por qué? ¿Cuál es la fuente de información más amplia hoy en día? Internet. Cuando un comprador está convencido de que quiere comprar una casa o un apartamento, necesita tener toda la información a mano para decidir, y lo primero que hace es una búsqueda en Google de lo que quiere, casa en venta o apartamento en venta. Esto, para los menos experimentados, pero los más específicos, que ya están más maduros para comprar, es decir, que ya tienen una preferencia definida, buscan por el nombre del edificio. Si el inmueble les llama la atención, el siguiente paso es ubicarlo en el mapa de Google; si la ubicación tiene sentido para ellos, querrán pasar por el área, conocer el entorno, saber qué hay al lado, al frente, detrás, por los cuatro costados, qué tal el tráfico, entre otros. Si todo esto les simpatiza, entonces te llamarán para agendar la cita, porque el ciudadano de hoy anda con muchas prisas, no quiere perder el tiempo, tampoco hacérselo perder a nadie más, no quiere comprometerse. En conclusión, ¿por qué debes colocar la dirección exacta del inmueble? Liberarás de ese compromiso inicial al comprador. Él, por su cuenta, puede darse una vuelta por el área y comprobar que la ubicación es la adecuada, para finalmente hacer la cita y mirar la propiedad.

ATENCIÓN:

Posiblemente estés pensando «Pero, si coloco toda la información del edificio, dirección y número de apartamento, el cliente irá directo». La mayoría de las personas de este planeta son buenas, te aseguro que cuando estas personas cometen la imprudencia de ir directamente con el propietario, lo hacen por ignorancia, ignorancia del valor que les aporta tu servicio. Sé compasivo con ellas, dale la oportunidad al comprador de que recorra los alrededores de la propiedad, inspeccione sus calles, comercios, accesos, antes de realizar la cita contigo. Por ello te pido que des la ubicación exacta del inmueble.

Luego de la ubicación, pasamos a ingresar las imágenes. Te recomiendo colocarlas en este orden: inicia por la fachada de la propiedad, luego el *lobby*, los elevadores o ascensores, luego vas directo al apartamento. Con esto, lo que estás haciendo es recreando el recorrido que el visitante encontrará durante la visita antes de realizar la compra. Una vez llegas al apartamento, nos encontramos con la entrada, la antesala, la sala, el comedor, el balcón si lo tiene y la vista; luego pasamos a la cocina, la lavandería, el cuarto y baño de empleada. Hago una observación aquí: estas últimas áreas, la lavandería y el cuarto y baño de la empleada (CBE) debes ubicarlas al final de la galería o no colocarlas, depende del orden y estado de conservación. De aquí pasamos a las recámaras o habitaciones. Comenzamos con la recámara principal, ventanas, balcón si lo tiene, el clóset, o *walk in closet* y el baño; luego vemos las recámaras secundarias, sus baños y, por último, el baño de visitas. Pero, antes de la lavandería y el CBE, así incluso debes realizar la visita de la propiedad cuando la estés mostrando en vivo.

ATENCIÓN

Al colocar el orden de las imágenes, cambiaremos las del área de la lavandería y el cuarto y baño de empleada para el final, después de las recámaras y el baño de visitas, de tal forma que la armonía estética de la galería de imágenes no se vea interrumpida.

Salimos del apartamento y pasamos al área social. Usualmente, si el apartamento ha gustado, el comprador querrá seguir visitando la propiedad, de ahí que quiera ver el área social y el área de los *parkings*. Colocamos las imágenes de la piscina, de la terraza, del parque infantil, del salón de fiestas, del gimnasio, de la sala de juegos si la tiene, de la sauna, del baño turco. Si hay más áreas sociales —por ejemplo, en la azotea—, también debemos incluirlas, no te limites en cuanto a la cantidad de fotos. Luego, una imagen del área del *parking* y hemos finalizado. Cuando enseñes la propiedad, haz el recorrido con el comprador en este orden. Si te ha ido dando señales de compra, ha respondido favorablemente durante el recorrido y se ha visualizado en la propiedad, ya podrás hacerle la pregunta, «¿Le ha gustado?». Y, evidentemente, tu comprador dirá «Sí», y tú le preguntarás «¿Tanto como para comprarlo?». Y él dirá, de nuevo, «Sí». En ese momento, tú le dices… Sigue leyendo, mi querido profesional, la respuesta la encontraras más adelante. ¡Apartamento vendido!

Luego de incorporar las imágenes, debes presionar el botón *subir*, y el sistema automáticamente te informa que la propiedad ha sido guardada correctamente, te da un número de registro MLS —que es la identificación de la propiedad—, acto seguido les llega un correo electrónico a todos los usuarios del sistema, que actualmente somos más de cuatrocientos, informándoles de que la propiedad está disponible para que la muestren a sus clientes. A su vez, de forma automática, se vincula con 8 portales publicitarios y con las páginas web de los afiliados que poseen el servicio *iframe* o IDX.

Envíale al propietario el enlace de todos los lugares donde has decidido anunciarla, para que vea cómo ha quedado publicada la propiedad. Sugiérele que la revise, que verifique la información para que todo corresponda con la propiedad, y espera su confirmación. Tan pronto haya confirmado que está bien, te haya felicitado por tan buenas imágenes, descripción, etc., estás listo para mercadear masivamente y proactivamente.

Apóyate en tu CRM
(Customer Relationship Management)

Ve a tu CRM (Customer Relationship Management), haz el cruce con clientes de tu base de datos, llama a todos aquellos cuyos criterios de búsqueda coincidan con la propiedad captada. Esto sería lo primero. Antes de salir a buscar o esperar al comprador del futuro, búscalo dentro de tu base de datos. De hecho, el proceso de captación descrito debería estar orientado a la mayor cantidad de demanda insatisfecha que poseamos en nuestra base de datos. De esta forma te enfocas en captar con altas probabilidades de cierre a algún cliente cuyo criterio de búsqueda coincida con la propiedad captada. Hay diferentes CRM inmobiliarios que tienen esta capacidad, Wasi es uno de ellos, aprovéchalos, ya que esa ventaja añadida que te da esa información te sirve para salir a buscar un producto que tienes prácticamente vendido.

Simultáneamente, estarán entrando *leads*, compradores del futuro para esta propiedad, y recibirás la llamada de las personas que te contacten por los diferentes medios publicitarios, que te contactan porque vieron tu anuncio en un portal en internet y, en lugar de escribirte, deciden llamarte o incluso deciden escribirte por mensaje de WhatsApp, o te llega la solicitud del portal. ¿Cuentas con un método para convertir estos prospectos en clientes? Hay una serie de preguntas que necesitas realizar para conseguirlo. Es a partir de este punto que entras en la etapa de la venta.

La venta

Luego de realizar la captación magistral, lo que esperas es encontrar ese cliente comprador para cerrar el trato. En tu CRM (Customer Relationship Management) manejas la base de datos, es muy posible que tu comprador se encuentre allí. De esta forma, no debes esperar a un cliente del futuro. Si no cuentas con un CRM, ¿qué haces que no tienes uno? Los hay muy económicos, desde 30 balboas al mes —sí, correcto, al mes—. Detén la lectura, visita www.wasi.co. Te recomiendo que contrates con ellos ahora mismo, eso te ayudará a potenciar tu seguimiento de clientes y, en consecuencia, potenciará tus ventas. Luego que has verificado tu base de datos y no cuentas con el comprador, pasas al siguiente paso, los clientes del futuro.

Te van a llegar interesados, bien sea llamando directamente por teléfono, escribiendo a través del formulario web o de algún portal inmobiliario. También, de vez en cuando, llegarán por la oficina, estos cada vez menos y cada vez más lo harán por redes sociales o WhatsApp, así como referidos. Debes mantenerte alerta tú y mantener alerta a tu equipo de trabajo de todas las fuentes de entrada de solicitudes. Recuerda, a estas solicitudes se les debe responder en menos de 24 horas. Una vez cuentas con el contacto de la solicitud, le das una llamada, nada supera a la voz para establecer una comunicación activa, te será más fácil mostrar afecto, humanidad, empatía y comprensión. Te resultará más sencillo conectar a través de tu voz, tono, lenguaje y vocabulario que hacerlo por medio de palabras textualizadas. No quiero decir que no sea posible, he sabido de personas que son genios en el uso del WhatsApp y del correo electrónico para vender, no me refiero a ello, lo que quiero dejar claro es que es más efectivo comunicar verbalmente, y benditos sean los mensajes de voz de WhatsApp o las notas de voz, porque nos posibilitan ser más efectivos comunicando cuando la llamada no es una opción y el texto se presta a interpretaciones que modifican el mensaje.

Las cinco fases
o etapas de la venta

- Fase de contacto.

- Fase de investigación.

- Fase de argumentación.

- Fase de visita.

- Fase de cierre.

Para explicarte las cinco fases de la venta, lo haré utilizando un caso práctico. Los personajes han sido creados, las situaciones son el resultado de mi experiencia, de cómo aprendí a vender y lo que me funcionó de lo que aprendí.

El punto de partida será una llamada y no sabemos nada de la persona que nos llama, no sabemos en qué está interesado.

A continuación, el dialogo de la llamada, donde la letra A corresponderá a AGENTE y la letra C a CLIENTE.

Cuando estés al teléfono, sonríe, es mágico, la energía y el poder de una sonrisa auténtica se percibe incluso cuando hablamos por teléfono.

1) <u>Fase de contacto</u>

Ring, ring, ring.

A.—Hola, buen día, gracias por llamar a Cual Bienes Raíces, mi nombre es Zutano de Cual, ¿cómo puedo ayudarle?

C.—Buen día, estoy llamando por un apartamento que tienen en venta. Me gustaría visitarlo esta tarde.

A.—Gracias por su llamada, me dice su nombre por favor.

C.—Ana.

A.—Ana, es un placer, mi nombre es Zutano de Cual. Dígame, por favor, ¿dónde ha visto el anuncio? ¿Cómo se enteró de este apartamento?

C.—Me lo dijo un amigo. Dice que lo vio en internet.

A.—Perfecto, Ana, le explico, tenemos aproximadamente 200 apartamentos en venta en el sistema, sería de mucha ayuda si me da algún dato que le haya llamado la atención del apartamento para ver si con eso puedo localizarlo, o me dice directamente lo que está buscando para poder ayudarla.

C.—Mi amigo, es decir, la persona que me dio su número, sabe que estoy buscando un apartamento de 2 recámaras en San Francisco y que no puedo gastar más de 200 000, por ahí va la cosa.

A.—Excelente, permítame mirar qué tengo disponible para usted. Mientras abro las propiedades en el sistema, dígame por favor su apellido.

C.—Pérez.

A.—Vale, Ana Pérez, su número de celular es este que me aparece en pantalla, desde el que me está llamando, ¿correcto?

(Si no te aparece en pantalla, se lo preguntas).

C.—Así es

A.—Dígame su correo electrónico, si es tan amable.

C.—anaperez@gmail.com.

A.—Ana, deme un teléfono fijo, de casa u oficina.

C.—111 1111.

A.—Gracias, Ana y, su fecha de cumpleaños, ¿cuál es?

C.—¿Y eso? ¿Esto es necesario para darme la información? ¿Qué me vas a regalar? Je, je, je.

A.—Je, je, je, una sorpresa, una sorpresa, Ana, el sistema le envía una felicitación el día de su cumpleaños.

C.—El 24 de octubre de 1982.

Abro paréntesis aquí, obsérvese que tan pronto como obtengo la información personal de la señora Ana, en ese momento es que tengo una cliente. Antes era solo un contacto desconocido. No puedes avanzar en la solicitud si no conoces a la persona y no la conoces hasta tanto consigues estos datos básicos, como son el nombre completo, el teléfono, un teléfono alternativo, el correo electrónico y la fecha de cumpleaños. Ahora sí estás listo para dar información de la propiedad por la que está llamando. Habrá incrédulos acerca de la fecha de cumpleaños, pensando que a la gente no le gusta decir su edad, yo les aseguro que la forma más fácil y sencilla de que te la den es pidiéndola. Si no la pides, desde luego que no te la van a dar; si la pides, sí que te la dan. Además, si se fijan, Zutano solicitó la fecha de su cumpleaños, no la fecha de su nacimiento, él solicitó el día y el mes, no el año, ha sido la señora Ana que ha querido darlo, pero con el día y el mes es más que suficiente para programar el CRM (Customer Relationship Management) y que le llegue una felicitación de cumpleaños todos los años.

Del 100 % de a quienes se la pidas, el 90 % te da la fecha de su cumpleaños a la primera, listo. Si el resto no te la da, pues tranquilo, no te pelees con él o ella, ya te la dará más adelante, pero tú disciplinadamente se la solicitas a todos por igual y de la forma como te lo sugiero en el dialogo, es parte de tu rutina de toma de datos. Continuamos.

A.—Gracias, señora Ana, disponemos de un apartamento en San Francisco de 100 m², 2 recámaras, 2 baños, sala, comedor, cocina, área de lavandería, baño de visitas, incluye 2 estacionamientos y un depósito. ¿Esto se parece a lo que usted está buscando?

C.—Sí, Zutano, solo que no me has dicho su precio.

A.—Je, je. ¿Cuánto estaría usted dispuesta a pagar por un apartamento con estas características?

C.—Mmmm… No podría decirte, necesitaría visitarlo antes, pero ¿qué precio tiene? No puedo exceder mi presupuesto.

A.—El apartamento está anunciado en 190 000 balboas. ¿Qué le parece?

C.—Me parece bien. ¿Tienes imágenes? Envíamelas al WhatsApp de este mismo número. ¿Hay más opciones? Envíame todas las opciones que tengas en el área con estas características. Un amigo me dijo que él había visitado treinta y dos apartamentos antes de tomar la decisión de comprar. Y, uff, aunque suena agotador, quiero hacer lo que sea necesario para este mismo año realizar la compra de mi apartamento.

A.—Vale, sí, claro, por supuesto que dispongo de más opciones, sin embargo, tan buena como la que le menciono, solo esa. Adicionalmente, desde que la dimos de alta en el sistema no hemos parado de recibir solicitudes de clientes interesados en comprarla. Yo recomiendo que considere esta opción como de las primeras a visitar y decidirse por ella en caso de que sea de su agrado.

C.—Entiendo, yo no tengo apuro, estoy empezando a ver.

2) <u>Fase de investigación</u>

A.—La comprendo, señora Ana, es por ello que quiero concentrar mi atención enviándole opciones por las que usted se sienta realmente interesada, dígame **<u>exactamente</u>** lo que está buscando. Hasta ahora sé que se trata de un apartamento de 2 recámaras, 2 baños, no más de 200000 balboas, en San Francisco. ¿Qué otra cosa es importante para usted? La cocina, por ejemplo, ¿le gusta abierta o cerrada? ¿Es importante para usted que haya baño de visitas? La altura del piso, el balcón, los *parkings*, dígame, hábleme de los detalles. La ubicación, ¿cuál es su favorita?

Abro otro paréntesis. En este momento entras en la fase de la investigación, debes salir de esta fase conociendo lo siguiente: <u>qué</u> quiere exactamente la cliente, <u>por qué</u> lo quiere o <u>para qué</u> lo quiere, <u>dónde</u> lo quiere, <u>cómo</u> lo va a comprar, <u>cuándo</u> lo quiere comprar y <u>con quién</u> toma la decisión. No puedes permitirte finalizar la llamada o avanzar a la siguiente fase si existe duda en alguno de estos campos. Debes usar tu habilidad persuasiva, empatía, escucha activa, parafraseo y programación neurolingüística, entre otras habilidades, las que tengas a mano, para que el cliente quiera permanecer en línea, logre confiar en ti y conecte contigo, porque, hasta que eso pase, va a estar muy duro que le puedas vender algo, incluyendo su próxima vivienda. Continuamos.

C.—Debe ser en San Francisco, definitivamente, porque mi hijo asiste al colegio Enrico Fermi por allí, en la calle 72. Yo trabajo en el Hotel Sheraton y, mi marido, da igual, a él le funciona porque está cerca del corredor Sur. Por lo demás, la cocina es irrelevante; con la altura no tengo problema, sé que, mientras más alto es, más costoso, pero a nosotros, la verdad, no nos llama la atención; el baño de visitas, qué bueno que lo mencionas, para nosotros eso y que tenga 2 *parkings* es muy importante. El balcón es irrelevante.

A.—Le entiendo, por lo que me dice, definitivamente San Francisco les funciona. Y, ¿qué los llevó a establecer el presupuesto en 200 000?

C.—Mi esposo piensa que no debemos comprar en más de ese precio. De hecho, él me dice que, por la situación de Panamá, en este momento comprar más arriba de ese valor complicará colocar la propiedad de vuelta al mercado, en caso de que haya que revender o alquilar. Sucede que nos movemos mucho de país, estaremos en Panamá no más de dos o tres años. No sé si eso es así, ¿tu qué opinas, Zutano?

A.—Valoro el punto de vista de su esposo, y me gustaría conocerlo para que me comparta con mayor profundidad su óptica acerca del mercado inmobiliario, me considero un apasionado de estos temas. Para responder su pregunta, yo estoy convencido de que una buena propiedad será siempre una buena propiedad, no importa si el mercado se encuentra a la baja, estable o al alza, siempre existirá alguien que la quiera comprar o alquilar. En concordancia con su esposo, le digo que lo importante es el precio que encuentra cuando la compra, pues de esa forma se anticipa a lo que pueda suceder en el futuro. Dígame algo, ¿es primera vez que compran o ya tienen experiencia como compradores?

C.—Es nuestra primera vez, ¿por qué?

A.—Porque, ahora que lo sé, podré ayudarlos mucho más efectivamente. ¿Cómo han pensado realizar la compra, a crédito o al contado?

C.—A crédito, mi esposo se encarga de esas cosas, él me ha dicho que yo mire lo que me guste, que él se encarga de pagar.

A.—Perfecto, ¿cómo se llama su esposo?

C.—Antonio.

A.—¿Él es panameño o extranjero?

C.—Panameño.

A.—Asalariado o independiente.

C.—Asalariado.

A.—Me gustaría hablar con el señor Antonio para tener clara la idea de la forma de pago cuando vayamos a comprar su apartamento. Facilíteme el teléfono de su esposo por favor.

C.—Zutano, mi esposo es una persona sumamente ocupada, se la pasa viajando, si dependemos de que tú hables con él, no avanzamos.

A.—La comprendo señora Ana. ¿El señor Antonio qué hace, a qué se dedica?

C.—Es piloto de Copa, es capitán, ha hecho toda su carrera en la empresa.

A.—Perfecto, la entiendo, en el caso del señor Antonio, el banco le solicita un 10 % de abono. ¿Él lo tendrá ahorrado? Ese dato es importante, saber si lo tiene disponible o debe vender algo o lo tiene en un plazo fijo, es decir, ese detalle es muy importante. Como usted comprenderá, las propiedades que yo manejo pertenecen a personas que me han confiado la venta, confían en mi profesionalismo, y es por ello que les llevo compradores calificados, de esa forma respetamos el tiempo de todos los involucrados, su tiempo, el del propietario y el mío. Para avanzar, debemos contar con esta información.

C.—¿Para visitar el apartamento debemos estar calificados?

A.—Para visitarlo no, señora Ana, para comprarlo. ¿Usted quiere visitarlo o comprarlo?

C.—Comprarlo; sin embargo, quiero visitar este y unos cuantos más.

A.—Señora Ana, para comprar este o cualquier otro apartamento necesitará una precalificación. Es bien sencillo, yo se la hago ahora mismo, gratis, no le cobraré nada. Si es tan amable, dígame cuánto gana su esposo aproximadamente al mes.

C.—Unos 4000 balboas.

A.—¿Mantiene alguna deuda, como un préstamo para un auto o un préstamo personal?

C.—Si, un préstamo para el auto, paga 500 mensualmente, nada más. Bueno, la tarjeta de crédito, pero es poca cosa.

Abro paréntesis, hay una aplicación que puedes descargar en tu teléfono, se llama *Mortgage,* búscala en Appstore o en la tienda de Android, es muy útil, te da la posibilidad de calcular la letra qué pagará el comprador por los próximos 30 años. Haces una captura de pantalla y se la envías al comprador, avisándole de que ese valor de la letra no le incluye el seguro de vida e incendio. Te da un valor bastante aproximado de lo que pagará. En este momento, lo que te interesa es calcular que el 30 % de su ingreso cubra el valor de la letra. Este indicador se conoce como *capacidad de pago*.

A.—Perfecto, gracias por la información. Ustedes disponen de 1200 balboas para destinarlos a la letra mensual de su hipoteca. Le enviaré a su correo el cálculo de la letra, junto con las primeras tres opciones de apartamentos que tengo para ustedes, de tal forma que pueda mirar las imágenes y la descripción y compartirlas con su esposo y hoy en la tarde, a más tardar, la estoy llamando para confirmar qué tal le han parecido y agendar una cita para ir mañana a visitarlas. ¿Le parece bien?

C.—De acuerdo, Zutano, lo que no sé es si mi esposo va a estar disponible mañana para ir. Quedamos en que yo vería primero las opciones y, de haber alguna que me interese, se la comente a él para mirarla en una segunda visita.

A.—De acuerdo, le envío las opciones y la llamo. Adicionalmente, señora Ana para cuando la llame, por favor téngame a mano la información de cómo ha pensado el señor Antonio realizar la compra. Sé que es a crédito, pero cuánto dará de abono inicial y si ya cuenta con ese dinero o necesita vender algo para conseguirlo.

C.—Vale, Zutano.

A.—Señora Ana, ¿para cuándo desean mudarse?

C.—Estamos empezando a ver, no hemos fijado una fecha específica.

A.—¿Por qué han decidido mudarse, por qué desean adquirir una vivienda?

C.—El apartamento donde estamos no es propio, está alquilado, y sentimos que estamos tirando el dinero. Próximamente se nos vence el contrato, y lo que le hemos dicho a nuestro arrendador es que renovemos mes a mes y él está de acuerdo. Nosotros hemos sido sus mejores inquilinos, dicho por él, así que, tan pronto tengamos dónde irnos, que hayamos encontrado el apartamento de nuestros sueños, debemos avisarle con 30 días de anticipación antes de mudarnos para cumplir con el preaviso del contrato. Eso ya está solucionado.

A.—Entiendo. Y la decisión de comprar la toman usted y su esposo. ¿Alguien más que los ayude a decidir? Por ejemplo, su hijo.

C.—Sí, por supuesto, mi hijo, él me acompaña a todas partes. Toñito, de seguro lo conocerás mañana.

A.—Vale, señora Ana, gracias por la información, permítame repetirle, a ver si me ha quedado claro lo que usted está buscando. Me ha dicho que quiere un apartamento de 2 recámaras, con 2 baños, que tenga baño de visitas y 2 estacionamientos, es irrelevante la cocina abierta o cerrada, o el balcón o la altura, no es algo tan importante. Que no pase de 200 000, ubicado en San Francisco porque su hijo estudia por allí cerca y usted trabaja cerca también. A su esposo le conviene porque le queda cerca del corredor Sur y le comunica bien con su trabajo, no hay apuro, están empezando a ver, se mudan porque donde están es alquilado y sienten que están tirando el dinero en alquiler, la decisión la toman usted, su esposo y su hijo. Primero realizaremos visitas previas con usted y su hijo para precalificar los apartamentos realmente interesantes, para luego volver con su esposo a los que realmente le hayan gustado. La compra la realiza su esposo, el que aplica será él, y hemos quedado pendientes con la información del abono inicial. ¿Algún dato relevante que yo haya pasado por alto?

C.— Zutano, perfecto, has entendido todo. Si es menos de 200 000, mejor, pero hasta 200 000 está bien.

A.—Eso quiere decir, señora Ana que, si encuentro una propiedad perfecta tal como la descrita en este momento, con todas las características, pero que el precio se pasa un poco, por ejemplo, que su precio sea 215 000, ¿qué hago? ¿La llamo o no la llamo?

C.—Tú llámame, si el precio es ese, tú llámame. Aquí lo importante es dar con lo que queremos y el precio mantenerlo allí, 200 000, no más, pero tú igual llámame.

A.—De acuerdo, señora Ana, en unos minutos le estoy enviando la información a su correo y a su móvil por WhatsApp. Hasta luego.

C.—Adiós.

Aquí finaliza la fase de investigación. Aún está pendiente el dato de cuánto da de abono inicial el señor Antonio, ya que la señora Ana no sabe, o lo sabe, pero se lo reserva. Esa información es muy importante, ya que complementa la anterior obtenida, es necesario conseguirla antes de empezar a vender. También hay otro dato importante que ahorra mucho tiempo de visitas innecesarias: es chequear el historial de crédito de la APC (Asociación Panameña de Crédito). APC BURO, como se conoce en Panamá, cuenta con diferentes planes. Dependiendo del volumen de clientes que manejes, te recomiendo contar con un plan de ellos. El cliente debe autorizarte por escrito, para lo cual existe un formulario, se debe incluir su nombre completo, su número de cédula y su firma, de esta forma puedes ver su historial de pago, así como cuántas deudas mantiene. ¿Todo esto para qué? Para ayudar al cliente a ahorrar tiempo y ahorrártelo tú. Aquí el factor tiempo es esencial, si la persona compra a crédito y no ha ido a un banco, seguramente tampoco ha verificado su APC, así que es mucho más recomendable ver si existe alguna mala referencia que no califica para el banco en este momento en lugar de esperar a cuando ya has mostrado todas las viviendas, que estén todos emocionados y suceda que, por la mala referencia, no pueda comprar por ahora. Otro dato interesante de la APC es que te permite saber cuánta deuda está pagando el cliente y verificar si, al incluir la letra de la hipoteca, su nivel de endeudamiento se mantiene dentro de los parámetros. Algunos me llaman exagerado, que eso es trabajo del banco, pero aun así no te puedes imaginar la cantidad de veces que me ha salvado de irme a la calle con un comprador que no puede comprar, bien por su nivel de endeudamiento o por poseer una referencia que lo limita debido a un mal manejo del pago de su crédito. Posiblemente te estés preguntando ¿qué es nivel de endeudamiento? Te explico, el nivel de endeudamiento es el porcentaje que, sumando todas las deudas, préstamos personales, préstamo de auto, tarjetas de crédito, entre otros, incluyendo la letra de la hipoteca a adquirir, no debe superar el 50 % del ingreso del comprador. De esta forma, conociendo sus deudas, sumadas a la letra de la vivienda, sabrás si puede o no adquirir esta propiedad y hasta dónde puede comprar. Entonces, tenemos dos indicadores a satisfacer, capacidad de pago y nivel de endeudamiento. Lo explico con un ejemplo, es mucho más sencillo de entender.

El comprador recibe ingresos por 4000 balboas mensuales, su capacidad de pago es el 30 % de 4000 es decir, 1200 es lo máximo que podrá pagar de letra mensual, y su nivel de endeudamiento es el 50 % de 4000, por lo que, luego de verificar su APC, sumar sus deudas, sumarle la letra mensual de la hipoteca, más los seguros de vida e incendio, más lo que pagará de mantenimiento en el p. h. (propiedad horizontal), ese resultado no podrá exceder los 2000. Continúo con el ejemplo, solo en caso de que alguno haya quedado con dudas. Usaré un simulador o cotizador de hipoteca. En este momento, estoy colocando los datos en el simulador de crédito. 4000 de ingreso; para una propiedad de 200 000, un abono del 10 % serían 20000; hay deudas por unos 500; tiene buen historial puro 1111…: la letra le queda en 955 balboas, sin incluir el seguro, que es de libre elección. Su capacidad de pago está perfecta, por debajo del máximo permitido. Sumamos la letra 955 + 500 de deuda mensual + 150 de mantenimiento + 50 del seguro de vida = 1655, muy por debajo de los 2000 permitidos. Con esta información clara, tienes mayor poder y confianza dentro de la gestión de venta encomendada. Así ya sabes que le puedes mostrar todas las opciones que encuentres interesantes en este orden de precio.

Checklist

Por lo pronto, evalúa tu lista de verificación (*checklist*) en relación con la información que has obtenido del cliente. ¿Qué dato te hace falta? Para ello, responde las siguientes preguntas:

¿Sabes qué quiere? El qué se refiere a lo físico, es el mundo material del comprador, allí no hay mucha sustancia. Sin embargo, es necesario saberlo para empezar a conocer el gusto de tu cliente, pero con saber el qué solamente no vas a vender.

¿Sabes por qué o para qué lo quiere? Esta tiene más poder, identifica la necesidad a satisfacer. Hay algo muy cierto y que con el pasar del tiempo he ido comprobando cada vez más, el comprador llega a colocar el pedido de una casa, un hogar, llega a ti con una lista de deseos, es decir, el qué, yo quiero que tenga esto, yo quiero que tenga aquello, ¡¡¡Yo quiero, yo quiero, yo quiero!!!, para luego darse cuenta de que algunas cosas que pidió incluir no son tan necesarias, aumentan el costo del inmueble de manera injustificada para él o ella, o no le agregan valor, sino que lo hacen más costoso, trayéndole como resultado que al final compre la satisfacción de sus necesidades, es decir, los *porqués* o *para qués* en lugar de la lista de deseos, es decir, los *qués*. Por eso, como agente de bienes raíces vas a necesitar ganarte la confianza del comprador y que auténticamente responda esta pregunta. Recuerda, para todos los qué hay un porqué o un para qué, debes averiguarlo.

¿Sabes <u>dónde</u> lo quiere? Ubicación, zona de preferencia y, si te fijas, aquí también cabe un porqué, ¿por qué esta ubicación? Trabajo, escuela de los niños, familia… El cliente te dirá: «Porque mis padres viven cerca, porque mi hijo asiste a la escuela tal».Allí tú parafraseas para que el cliente continúe agregando información. ¡Ah, qué bien! Su hijo asiste a la escuela tal de allí cerca.

¿Sabes <u>cómo</u> realiza la compra? Hipoteca o al contado. Si es hipoteca, ¿qué cantidad de dinero tiene ahorrado para el abono inicial? ¿Aplica esa persona solamente o aplica con otra persona? Su historial de la APC, su capacidad de pago y su nivel de endeudamiento. Si es al contado, ¿ya cuenta con la totalidad del dinero o debe vender algo antes, liberar un plazo fijo, mover el dinero de un lado a otro?

¿Sabes para <u>cuándo</u> lo quiere? Se refiere a la fecha específica cuando el comprador desea estar mudado, viviendo en la propiedad, siendo oficialmente dueño de la misma. Es una aspiración para el comprador; sin embargo, en la práctica este tiempo es aproximado, depende de circunstancias externas normalmente fuera de su control, allí se incluye el trámite posventa, por mencionar alguno, y todo lo que implica, paz y salvos o solvencias, notaría, Registro Público, entre otros, por ello yo recomiendo tener presente la siguiente escala de tiempo:

- Si la compra se realiza al contado y el inmueble está libre de hipotecas, serán 30 días de trámite para que la propiedad haya sido inscrita a nombre del comprador. Recomiendo colocar 60 días de vigencia en el contrato promesa de compraventa por cualquier eventualidad.

- Si el inmueble tiene hipoteca y la compra se realiza al contado, serán 60 días de trámite para que la propiedad haya sido inscrita a nombre del comprador. Recomiendo colocar 90 días de vigencia en el contrato promesa de compraventa por cualquier eventualidad.

- Y, si la compra es con hipoteca y el inmueble tiene hipoteca, serán 90 días de trámite para que la propiedad haya sido inscrita a nombre del comprador. Recomiendo colocar 120 días de vigencia en el contrato por cualquier eventualidad.

¿Sabes <u>con quién</u> toma la decisión? El ser humano toma decisiones emocionales, luego las justifica racionalmente basado en experiencias pasadas, busca en su biblioteca mental casos que le sirvan de comparación. Pero ¿qué sucede si es la primera vez que está comprando un inmueble? No tiene con qué comparar, no lo ha vivido y, a menos que lo haya vivido con otra persona, no tendrá un ejemplo que le diga «Vas bien, lo estás haciendo correctamente», etc. Por ello, a las personas que forman parte de este grupo es necesario que las motives a asistir en compañía de un chaperón, porque para avanzar necesitarán la aprobación de alguien, la tuya no será suficiente, tú se lo estás vendiendo, estas personas necesitarán el consentimiento de un familiar, papá o mamá, hermanos, esposa o esposo, hijos, amigos, colócale el nombre que desees, su abogado, su arquitecto, su diseñador, entre otros, es por ello que debes preguntar e invitar a que vengan todos los que las ayuden a tomar la decisión. Luego están los más experimentados comprando, y estos también justifican racionalmente, lo hacen con más seguridad por la experiencia previa, también a ellos invítalos a que traigan a alguien que los ayude a decidir; si te dicen que no hace falta, no les insistas, pero siempre menciónalo.

Si en tu *checklist* has respondido que **<u>no</u>** cuentas con el 100 % de la información a las preguntas planteadas, aún te falta investigar, gánate el corazón del cliente, es decir, gánate el derecho a que el cliente confíe en ti.

ATENCIÓN

No te digo que de cada 100 clientes atendidos alguno te llegue y compre con el 25 % de la información recolectada, hay de todo para todo, pero no esperes ser consistente en tus ventas invirtiendo todo el tiempo visitando propiedades a ciegas, perdido, mientras recolectas la información casi de casualidad o porque al cliente le llegó la musa y te lo dijo, no funciona así.

Inicia con preguntas, obtén las respuestas y luego sal a la calle con ese comprador. Para ser consistente y mantenerte a un buen ritmo de ventas, deberás investigar, porque no será hasta que sepas auténticamente lo que el cliente quiere comprar que le podrás vender.

ATENCIÓN

El cliente siempre debe tener la sensación de que es él quien compra, en lugar de que hay alguien que le vende.

3) <u>Fase de argumentación</u>

Para seguir avanzando, busca las tres propiedades que has conseguido para el comprador. Una es la que más se parece a lo que está buscando; otra se parece, pero un poquito menos, y una última se parece, pero carece de cosas relevantes para este. Las localizas, se las envías y lo llamas para confirmarle que revise su correo contigo al teléfono, de esta forma puedes responder sus inquietudes y confirmarle que lo ha recibido.

Ring, ring.

C.—Hola, ¿sí?

A.—Hola, señora Ana, acabo de enviarle tres opciones de apartamentos en venta a su correo. Por favor, verifique su bandeja de entrada, me gustaría explicarle los apartamentos.

C.—Dame un minuto, devuélveme la llamada, porque no estoy frente al computador.

A.—Perfecto, si le es más cómodo mirarlo en el celular, lo puede hacer, mi página web es *responsive*, eso quiere decir que visualmente se adapta al dispositivo de su elección, coloque la conversación en *speaker* y ya puede usted ir navegando.

C.—Dame dos minutos, Zutano, que me dé tiempo de hacer una cosita y atenderte.

A.—Vale, la llamo en breve. Adiós.

C.—Gracias.

(Cinco minutos más tarde).

Ring, ring, ring.

C.—Hola, Zutano.

A.—Hola, señora Ana, ¿cómo le fue viendo las opciones enviadas? ¿Cuál de los tres apartamentos le gustó más?

C.—Zutano, casualmente me encuentro viéndolas, me gusta el apartamento de 190 000, supongo que es del que conversamos previamente.

Sin embargo, me gustaría visitarlos todos para conseguir un criterio de comparación más amplio, porque una cosa es en fotos y otra muy distinta en vivo, presencial.

A.—De acuerdo, señora Ana, así será. ¿Alcanzó a mirar todas las imágenes de las tres opciones enviadas? Le comento, la primera opción que le envié es el apartamento del que conversamos, que me parece que es lo más cercano a lo que usted está buscando: el apartamento cuenta con lo que usted solicita, tiene las 2 recámaras o habitaciones, 2 baños, el baño de visitas y los 2 *parkings*; adicionalmente, viene con un depósito o *storage*. Me da la impresión de que este es el apartamento que ustedes van a comprar, señora Ana. Luego le envié dos opciones más en iguales condiciones y precio parecido. Sin embargo, ninguno de los dos apartamentos cuenta con baño de visitas, de hecho, uno de ellos es originalmente

98

de una recámara, lo que la propietaria hizo fue que dividió con una pared de *gypsum* la recámara principal para hacer la segunda recámara.

C.—Excelente, Zutano. La verdad, no me había fijado en los detalles tan profundamente. Hazme un favor, llámame mañana, luego de que lo haya compartido con mi esposo.

A.—De acuerdo, señora Ana, ¿a qué hora le parece bien que la llame? ¿En la mañana o en la tarde?

C.—En la mañana, que me haya dado tiempo de hacer mi rutina de oficina, como a las 11, por favor.

A.—Perfecto, señora Ana, la llamo a las 11. Hasta mañana.

¿Qué vas a hacer ahora que has quedado con la señora Ana? Agendar un recordatorio en tu agenda o calendario para que te dé un aviso de tal forma que mañana a las 11 estés puntualmente llamando a la señora Ana. No hay nada más importante para ti, el día de mañana, que estar haciendo esa llamada.

La cita

Once de la mañana del día siguiente, ring, ring.

A.—Hola, feliz día, señora Ana, ¿qué le parecieron las opciones? ¿Qué dijo su esposo?

C.—Buen día, Zutano, sí, hasta ahora la opción que más nos gusta es el apartamento de 190 000.

A.—Perfecto, mañana es un buen día para ir a comprarlo. ¿A qué hora le gustaría? ¿En la mañana o en la tarde?

C.—Je, je, a comprarlo, ojalá nos guste. Tengo un amigo que visitó treinta y dos propiedades o algo por el estilo para decidir. En la mañana está bien, permíteme que lo confirme con mi esposo y te digo. Pero no cierres, que está aquí conmigo, no cierres.

A.—Perfecto, aquí estoy.

C.—¿Sí qué, cariño? Sí, Zutano, a las 11 nos viene genial, ¿dónde queda ubicada la propiedad?

A.—Iniciamos nuestro recorrido desde mi oficina, nos conocemos y marchamos en mi carro hasta allá.

Este es un escenario, sin embargo, si no fuera posible que vayan a tu oficina, continúa leyendo lo que puedes decir.

La propiedad está ubicada en San Francisco, calle tal, edificio tal, llegaré antes para enviarle la ubicación por WhatsApp. **Y, señora Ana, vengan preparados** con una separación de 5000 balboas para que, si el apartamento les llegase a gustar, que yo sé que sí, lo puedan dejar reservado y no se arriesguen a perderlo. Hasta mañana.

C.—De acuerdo, hasta mañana.

Nuevamente, ¿qué es lo primero que harás al finalizar la llamada? Correcto, agendar la cita. Coloca el aviso o la alarma una hora antes en tu calendario, de tal forma que te prepares para la visita. Luego, avisa a los propietarios de que mañana tienes una cita, les das detalles de los clientes que asisten y, con mucho tacto, les solicitas por favor que dejen el apartamento ordenado. Recuerda que, en esta etapa, compradores y propietarios no son compatibles, con esto quiero decir que los propietarios deben estar fuera del apartamento. Registra el seguimiento en el CRM (Customer Relationship Management), el que estés usando, hay para escoger un montón allá afuera, espero que a estas alturas ya hayas contratado uno, esta profesión depende de los detalles, la memoria está ocupada todo el tiempo almacenando y borrando, no le dejes a la memoria las cosas relevantes del cliente, escríbelo en tu CRM y libera espacio mental.

Otra cosa, en relación con la separación, hay quien me dirá, ¿cómo le vas a pedir 5000 de separación? La persona no ha ido a ver la propiedad, eso aquí no se estila. Y yo le respondo, perfecto que no se estile, sé el primero en hacerlo, lo cierto es que, si no lo pides, la persona por acción espontánea no lo va a hacer, o tú te imaginas a un comprador con todos los miedos y dudas, diciendo, «Zutano, me parece conveniente llevarme 5000 balboas para separar la propiedad por si me gusta, ¿qué te parece? ¿Tú qué opinas? ¿O me llevo 10 000? ¿Tú que me recomiendas?». ¡Ojalá! Lo cierto es que se va a requerir mucha de tu iniciativa para que las cosas ocurran. Si los clientes fuesen compradores proactivos, se darían cuenta y aprovecharían más oportunidades. Es allí que tú tienes tu lugar en la mesa, acompáñalo y muéstrale que las oportunidades no se pierden, ¡las aprovecha otro!

4) <u>Fase de la visita</u>

Lo ideal es que el dueño no esté en la propiedad, que se vaya a dar una vuelta y regrese cuando tú le digas, de tal forma que ya hayas terminado.

En cuanto a la cita, hay dos corrientes de pensamiento, está la teoría de traer al comprador a la oficina para irse en un solo carro hasta el inmueble. Y está la teoría de verse directamente en la propiedad. Te explico ambas.

Invita al comprador a la oficina antes de partir a la cita, para que se vayan en un solo carro. En lugar de exponerte a dar la dirección del inmueble y no controlar al comprador, a pesar de estar controlando la propiedad, por tenerla firmada a través de un acuerdo MLS, debes reducir los riesgos y las tentaciones. Otra ventaja de movilizarse en un solo carro es que te da la posibilidad de conversar con ellos, saber más de sus preferencias, enterarte más de los detalles, haz preguntas abiertas, deja que sean ellos quienes hablen más. Si la propiedad les ha gustado, otro beneficio de ir en un solo carro es que deben hacer el regreso a la oficina en el mismo carro, facilitando que te dejen la separación que previamente has solicitado cuando les hablaste por teléfono durante la planificación de la cita, y así el cliente asegura la compra, no se arriesga a perder la propiedad que le ha gustado, mientras se confecciona y formaliza el contrato promesa de compraventa.

Puede que te obsesiones con querer hacerlo de esta manera siempre, recibir al cliente siempre en la oficina. Cuando eso me sucedió, perdí ciertas oportunidades de venta y sí, puede que me haya salvado de algún plantón en la propiedad, de esos clientes que nunca llegan y tampoco te avisan que no van, pero, si te digo que solo me ocurrió una vez, ¿me creerías? Y, más que echar la culpa al comprador irresponsable, reflexioné yo, el fallo había estado en que no me tomé el tiempo de hacer las preguntas correspondientes antes de salir disparado a la cita, por alguna razón solo tomé el nombre, el número de teléfono de la persona, la propiedad en la que estaba interesado, verifiqué que la misma estaba disponible y salí disparado, ¡OJO!, no salí por mi deseo de atención al público, no, mi reflexión de hoy me dice que salí interesado en mí y en la comisión que representaba esa llamada, me olvidé del servicio, me concentré en el dinero. Alguien me dijo una vez que el único sitio donde el dinero está primero que el servicio es en el diccionario, pues en la vida real siempre, siempre, siempre primero das el servicio y luego, como consecuencia, viene el dinero. Por ello debes servir, ocúpate de preguntarle al cliente por sus intereses antes de salir a la calle a ciegas para solucionarle la vida con un inmueble que no sabes si será de su conveniencia. Preguntar es la mejor forma en la que le puedes ayudar a dar con el inmueble que busca.

Por eso, pregunta, pregunta, pregunta y, cuando un cliente que te ha respondido, con el que tienes buena interacción, que te da contestación a tus mensajes y llamadas, te solicite que se vean directamente en la propiedad y tú le digas no, porque la política de la empresa dice que nos veamos en la oficina, pregúntate, ¿en quién estás pensando? ¿En la comodidad del cliente o en tu comodidad? ¿A quién le debe resultar conveniente y placentero comprar? ¿Al cliente o a ti? ¿Ganas dinero por concentrarte en el beneficio del cliente o por concentrarte en tus intereses? Obviamente, debes tener un *modus operandi*, pero estamos hablando de atención al cliente, el cliente debe sentirse cómodo al comprar, sentir que se hizo a su manera. Por algo se llama «atención al cliente». Enfoca la profesión desde el punto vista de la conveniencia para el cliente, tanto de los compradores como de los propietarios, siempre recuérdalo, ambos son clientes, tu servicio debe resultarles conveniente.

Si tu procedimiento es siempre en la oficina, maneja el escenario descrito a continuación como una excepción a la regla, todos tenemos excepciones, los clientes lo saben, tu gerente de la oficina lo sabe y, si no lo sabe, sería recomendable que se lo comentases y le invitases a leer este libro.

Para este ejemplo usaremos la cita en la propiedad.

Ring, ring.

A.—Hola, señora Ana, la llamo para confirmarle nuestra cita de las 11, en breve les envío la ubicación al WhatsApp.

C.—Hola, Zutano, de acuerdo, quedamos a la espera.

A.—Listo, enviada, los espero.

(Llega antes a la propiedad, despide a los propietarios, enciende las luces, los aires acondicionados, abre las cortinas, sube las persianas, debe entrar toda la luz natural posible, rocía un poco de ambientador con olor a vainilla dulce o azahar, ideales para inducir a comprar. Todo en orden).

Ding dong.

A.—¡Voy! Hola, señora Ana; señor Antonio, es un gusto. ¿Y el pequeño Toñito? Pasen adelante, este es el apartamento.

C.—Hola, Zutano, gracias por la espera. Toñito está con la nana, gracias por preguntar. ¿Nos muestras el apartamento, por favor?

A.—Esta es la sala, el comedor, la cocina. ¿Qué les parece el espacio?

C.—El espacio está bien. ¿Cuantos metros cuadrados me dijiste que tiene?

A.—100 m². Sigan por aquí, este es el baño de visitas, sé lo importante que es para ustedes que el apartamento cuente con baño de visitas.

Ahora pasemos a mirar la vista. Sé que para ustedes no es tan importante, sin embargo la vista es un encanto de ese apartamento.

Es vista al mar. ¿Qué les parece esta vista?

C.—Está fenomenal, nos encanta la vista al mar, no imaginamos que sería tan bonita.

ATENCIÓN

Permite que el cliente se tome el tiempo de disfrutar cada espacio, cada estancia del apartamento, concedele el tiempo de que se visualice en la propiedad. Te irá dando señales de venta, puede ser en forma de comentario, puede ser en forma de pregunta. Mantente presente, pero no lo agobies.

A.—Sí, sí, ahora pasemos a las recámaras, esta es la recámara principal, con su *walk in closet*. ¿Qué les parece el espacio?

C.—Podría tener unos metros más para que fuera perfecto, pero de este tamaño está bien.

A.—Estupendo, seguimos. Este es el baño completo, con su ducha, cuenta con una ventana, lo que le permite tener ventilación natural.

Este espacio de aquí es un den o *family room*. Aquí tenemos la recámara secundaria, su aire acondicionado, clóset lineal, ventana de piso a techo. ¿Qué tal el espacio, la vista, la luminosidad?

C.—Está adecuada, está muy bien, de verdad, Zutano, qué bien entendiste lo que estamos buscando, sigamos viendo.

5) **Fase de cierre**

Es la finalidad de toda gestión de venta. Llegar hasta aquí, debes ser muy detallista observando las señales de venta para cerrar la venta. El cliente, cuando está interesado, siempre emite señales. Continuamos.

A.—Sí, gracias, por eso les comentaba que este es el apartamento que ustedes van a comprar. ¿Qué les ha parecido el apartamento? ¿Les gusta? (Cierre básico).

C.—Nos ha parecido bien, sí, a mí me gusta —dice la señora Ana.

C2.—Sí, me parece que es lo que estamos buscando —dice el señor Antonio.

A.—¿Les gusta como para comprarlo? (Cierre básico).

C.—Sí, claro, para eso estamos viendo, Zutano —dice la señora Ana.

A.—Perfecto, vámonos para la oficina, que allá les explico cómo hacer para formalizarlo.

C2.—Pero, Zutano, no tan rápido, ¿nos puedes mostrar el área social del edificio?, porque tiene área social, ¿correcto? Y también nos gustaría ver el nivel de los estacionamientos.

A.—Claro, con gusto, señor Antonio, vamos. Casi olvido lo importante que es para ustedes que el apartamento cuente con dos estacionamientos.

(Salimos del apartamento y nos dirigimos al área social).

A.—Todo el acceso a las áreas comunes en el edificio se hace con este *token* magnético. Esta es el área social, con piscina infinita de adultos y niños, terraza, salón de fiestas, gimnasio, *playground* para niños y área infantil.

C.—¿Cuánto se paga de mantenimiento?

A.—180 balboas mensuales, que incluyen servicio de gas, agua, limpieza de áreas comunes y seguridad 24 horas.

C.—¿Nos muestras los estacionamientos?

A.—Con gusto, están en el E3, son 2, uno al lado del otro. Aquí estamos identificados con el número del apartamento.

C.—Perfecto. Zutano, ¿y en el precio de venta están incluidos los muebles?

A.—Permítame entenderla, señora Ana, ¿esto quiere decir que, si los muebles están incluidos en el precio, el apartamento le interesa?

(Cierre de lucha libre).

C.—Bueno, no todos los muebles, pero sí que hay alguno que me interesa.

A.—¿Cual le interesaría?

C.—Ya te iré diciendo, en caso de que el apartamento sea el elegido.

A.—Entiendo, señora Ana. ¿Y qué le hace falta para que el apartamento sea el elegido? ¿Hay algo que no le haya gustado? ¿No le gustó la vista? (Cierre por eliminación).

C.—No, no, no, la vista está preciosísima, es perfecta.

A.—¿Habrá sido la distribución? De pronto, el hecho de tener baño de visitas le roba espacio al apartamento.

C.—No, Zutano, el baño de visitas es perfecto, así las visitas no me usan el baño de adentro.

A.—Mmmm, ya sé, no le gustó la cocina abierta.

C.—Zutano, de verdad no hay nada de malo con el apartamento, está perfecto para comprarlo.

A.—¿Y por que, señora Ana, no se lo queda?

C.—No he dicho que no me lo voy a quedar, pero es el primero que visitamos. ¿No teníamos dos opciones más para ver? Ahora, Zutano, ¿las otras dos opciones son tan buenas como esta? Háblame un poco de ellas.

A.—La siguiente es bastante parecida, solo que la vista es para la ciudad y no tiene baño de visitas. Y la última es una planta baja, tiene una terraza enorme, está ubicada en el nivel del área social y tiene un solo *parking*. Si quiere que los vayamos a ver, yo con gusto los llevo, hacemos lo que ustedes me digan.

C.—Zutano, es decir, que de los tres que preparaste para ver hoy, este es el mejor.

A.—Así es, señora Ana, yo voy orientado por sus preferencias, le muestro primero el que más se parece a lo que usted está buscando, de esa forma usted confirma que yo he entendido lo que usted quiere y le muestro primero el mejor. No tengo uno mejor para usted.

C.—Entiendo.

A.—Vamos para la oficina, que allá, en compañía de mi gerente, le explicaremos lo que debe hacer para quedarse con el apartamento.

C.—Pero, Zutano, quiero negociar el precio, me parece que una rebaja no está de más.

A.—¿Una rebaja? La comprendo. ¿Cuál sería el precio justo que podría ofrecer por este apartamento? Un precio con el que usted se sienta conforme. (Introducción al cierre de lucha libre).

C.—Mira, no lo sé, unos diez mil dólares de descuento me podrían animar a cerrar el trato. Me refiero a que no es un compromiso, solo para probar hasta dónde están dispuestos a bajar.

A.—Señora Ana, yo entiendo que no se quiera comprometer, sin embargo, permítame entenderla, ¿si yo le consigo los diez mil dólares de descuento, se queda con el apartamento? ¿Lo compra? (En este momento se produce un silencio. Cierre de lucha libre).

C.—Zutano, creo que me lo tengo que pensar, es muy rápida esta operación, no venía dispuesta a cerrar tan de prisa, quiero decir, sí vine preparada, pero no me lo esperaba, deja que nos lo pensemos y en unos días te llamamos.

A.—Claro señora Ana, señor Antonio. No hay mayor contratiempo, de hecho, qué bueno que lo tengan que pensar, porque quiere decir que les interesa, de otra forma no habría nada que pensar. Sin embargo, ahora que estamos aquí y tenemos la información fresca, dígame <u>exactamente</u>, ¿qué es lo que les impide tomar la decisión? (Cierre de lo pensaré).

C.—Zutano, como te hemos dicho, te haremos una oferta: si nos la consigues, avanzamos.

A.—Entonces, procedo a hacer la oferta. Si la consigo, cerramos. Acompáñenme a mi oficina, que solo nos tomará unos minutos.

C.—Otra cosa, Zutano, qué sucede si por casualidad el banco a mi esposo le niega el crédito. No es por ser pesimista, pero ¿qué sucede si esto ocurre? ¿La separación o el abono que te entregamos se pierde?

A.—Señora Ana, veo que eso es algo que le preocupa. Dígame algo, ¿es esto lo único que le limita a avanzar con la negociación, que lo separe y el banco le niegue el crédito, perder la separación?

C.—Bueno, y que me acepten la oferta, eso también cuenta. Ambas cosas son importantes. Aceptación de la oferta y que no me quiten mi separación.

A.—Bien, si le consigo la oferta y, además, que no le quiten la separación en caso de que el banco le niegue el crédito a su esposo, ¿se queda con el apartamento? ¿Lo separa? (Cierre lucha libre).

C.—Pienso que sí, Zutano. ¿Tú qué dices, cariño?

C2.—Sí, me parece razonable. La verdad es que el apartamento nos gusta, lo queremos comprar, pienso que 180 000 es un buen precio. Nos gusta la vista y todo lo demás.

A.—De acuerdo, vamos a mi oficina, que allí, en compañía de mi gerente, les voy a explicar qué hacer para que cerremos este trato.

C.—De acuerdo, Zutano, te seguimos.

ATENCIÓN

Recuerda llamar y avisar a los propietarios que ya pueden volver al apartamento. Coméntales que aún estás con los clientes, que les llamas más tarde para informar qué tal ha ido la visita.

(Una vez en la oficina:)

ATENCIÓN

Guía a los clientes a la sala de reuniones. Ubícalos, asegúrate que estén cómodos y ve a buscar a tu gerente.

A.—Adelante, señora Ana, señor Antonio, ¿les ofrezco algo de beber, café, agua, té?

C.—A mí, agua.

C2.—Para mí, café está bien, negro con azúcar regular.

A.—Enseguida, ya vuelvo… Volví. Les presento a mi gerente, el señor Mengano. Es administrador de empresas, graduado con honores, especialista en la gestión inmobiliaria, su trayectoria de más de diez años en el campo de bienes raíces lo distinguen como uno de los profesionales más emblemáticos de este sector. Mengano, ellos son la señora Ana y el señor Antonio, han venido porque les interesa el apartamento y quieren saber cómo hacer para quedarse con él.

G.—Es un placer. Zutano, siempre con sus presentaciones emblemáticas, je, je. Estoy para servirles.

ATENCIÓN

Exalta virtudes de tu gerente, debe lucir como una autoridad de la profesión inmobiliaria, otro gran experto que apoya tu gestión de agente de bienes raíces.

C.—Es un gusto, señor Mengano. Nosotros le comentamos a Zutano nuestra intención de comprar el apartamento.

A.—Sí, Mengano. Fíjate, ellos desean pasar una oferta por 180 000 balboas. Si se la aceptan, ellos compran; sin embargo, tienen también una duda de si el banco en efecto les aprobará el crédito, y no quieren arriesgarse a perder el dinero de la separación en caso de que el banco les niegue el crédito.

G.—Entiendo. Zutano, ¿este apartamento lo captaste tú, correcto?

A.—Sí, correcto.

G.—De acuerdo, haz la llamada para pasar la oferta. Eso, lo primero. Para lo de la separación esperemos que acepten la oferta y analizamos qué podemos hacer.

C.—De acuerdo.

ATENCIÓN

Vas a pasar una oferta, necesitas intimidad, sal de la sala de reuniones para que puedes hablar con el propietario.

Ring, ring.

P. —¿Sí, buenas?

A.—Hola, señor Fulano, le habla Zutano, ¿qué tal está?

P.—Bien, qué tal, Zutano, cuénteme, ¿qué tal le ha ido con esta familia?

A.—Bien, señor Fulano, fíjese que quieren quedarse con el apartamento. ¿Recuerda cuando me reuní con usted que habíamos fijado el precio de venta del apartamento en 190 000 balboas, de los cuales 9500 son para la empresa y 180 500 para usted?

P.—Sí, sí, claro, ¿qué sucede?

A.—Bien, ellos han hecho una oferta donde a usted le corresponden **171 000 balboas**, es decir, que el precio de venta es 180 000. Si a eso le resta los honorarios del 5 % de la empresa, le quedan 171 000 balboas para usted. ¿Qué le decimos a esta familia?

(Silencio).

P.—Zutano, sabe que estamos superjustos en 190 000 balboas, no le digo ya en 180 000. Lo primero que le diría es que no, porque no me salen las cuentas.

A.—Señor Fulano, lo comprendo, sin embargo, si no le salen las cuentas con 180 000, imagínese con cero.

P.—Zutano, ¿y si me baja la comisión? Así todos ganamos, gana usted, gano yo y gana el cliente.

A.—Señor Fulano, el trabajo es sagrado, yo he cumplido con mi parte del trato, le prometí que le conseguiría un comprador para su apartamento, ¿y no ha sido así? Ahora le corresponde a usted cumplir con la suya, si desea que el apartamento se venda. Ahora, si no, no pasa nada, no está obligado a hacerlo, yo les encuentro otro apartamento y ya está, usted y yo tan amigos. ¿Qué le decimos al comprador?

P.—Oiga, la verdad es que usted es un duro, otro corredor ya me habría aceptado rebajar la comisión.

A.—Señor Fulano, con otro corredor que no trabaje de la forma como trabajamos en la MLS Acobir, usted no tendrá ni que preocuparse de la comisión, porque sencillamente ese corredor no se lo va a vender. Para vender hay que formarse, capacitarse y profesionalizarse. Adicionalmente, se requiere una fuerte inversión en mercadeo, posicionamiento e imagen de la empresa, y todo eso se consigue con recursos, con dinero. Si no, no podría estarle presentando hoy a un comprador calificado. Dígame, ¿qué le respondo a estas personas?

P.—Qué le puedo decir, dígale que está bien, 180 000, pero ni un dólar menos.

A.—Gracias, señor Fulano, ha tomado una excelente decisión, les tomaré una separación de 5000 balboas y le confirmo cuando esté todo hecho.

P.—De acuerdo. Gracias a usted.

(De vuelta en la sala de reuniones:)

A.—¡Felicitaciones, hemos conseguido descontar 10 000 balboas, que ya son de ustedes, funcionará para cualquier reforma o compra adicional que deseen realizar, el apartamento es de ustedes! ¿Cómo lo van a separar, con cheque o con transferencia?

C.—Oye, qué sorpresa, no veníamos preparados para hacerlo en este momento.

A.—Le entiendo. Como comprenderá, este apartamento ha tenido una gran aceptación en el precio de 190 000 balboas y, ahora que lo hemos conseguido bajar a 180 000, no me quiero imaginar lo que sucederá apenas lo actualice en este precio. Es prácticamente una garantía de que se venderá casi de inmediato. No dejen pasar esta oportunidad. ¿Cómo lo van a separar, en cheque, transferencia o en efectivo?

C.—Siento que vamos muy rápido. ¿Y qué hay si el banco nos niega el crédito?

G.—¿Es lo único que les impide tomar la decisión? ¿El hecho de que, exista la posibilidad de que, si el banco les niega el crédito, pierdan la separación?

C.—Sí, correcto.

G.—Perfecto, hacemos una observación en la que diga que, si el banco les niega el crédito, ustedes pueden solicitar el reembolso de la separación sin ningún tipo de penalidad. ¿Cómo lo van a separar, en cheque o en efectivo?

C.—¿Solo en cheque o efectivo? Había pensado hacerlo por transferencia.

A.—Claro, también puede en transferencia, ¿no lo había mencionado? Le facilito los datos de la cuenta. Aquí está. Este es el documento. Firman ustedes y luego firma el propietario. Facilíteme su cédula para ir haciéndole fotocopia.

¡A partir de este momento ya has realizado la venta, FELICITACIONES! Se inicia la fase de posventa.

Celebro la dicha de haberte ayudado a cerrar esta venta. Tú eres el protagonista de estas líneas. Tal vez estés pensando en memorizar lo que aquí he escrito, pero te recomiendo que no lo hagas, mejor tropicalízalo a tu estilo, flexibilízalo o hermetízalo, según lo veas necesario, recuerda que en el camino de las ventas no hay nada escrito en piedra.

Tipos de cierre de ventas

Aquí te dejo los cierres uno a uno, de manera que sepas qué decir cuando hayas colocado al cliente en la situación de cierre.

¿Qué es un cierre? No es más que la forma que tienes o la manera de la que dispones para solicitar el dinero, crear el compromiso y hacer la venta. Aquí te los dejo.

- **Cierre básico.** Cuando el cliente te ha dado señales de venta y tú le preguntas «¿Le gusta?». El cliente te responde «Sí» y tú le preguntas «¿Tanto como para comprarlo?». Y el cliente te responde nuevamente «Sí». Acto seguido, tú le dices «Bien, pues vámonos para mi oficina, que allí mi gerente le va a explicar cómo hacer para quedarse con el apartamento».

- **Cierre del formulario.** En la oficina, el cliente no termina de soltarse, tú te concentras en la papelería (formularios) que se debe rellenar para formalizar la venta. «¿Me da, por favor, su cédula para ir haciendo fotocopia?». El cliente te la entrega y va confirmando la venta. Otro: «¿Me da el cheque de la separación para hacerle el recibo?». Otro: «¿Me firma, por favor, el acuerdo de la separación? ¿A nombre de quién pondrá la vivienda?». Tan pronto va confirmando las respuestas él o ella, se va cerrando.

- **Cierre de preguntas dirigidas.** Te vas a concentrar en la forma en que realiza la compra y no en la acción de comprar. También lo llaman la doble alternativa. «¿Cuándo es mejor para ustedes visitar el apartamento, en la mañana o en la tarde? ¿Cómo lo van a separar, en cheque o en efectivo? ¿Compra la vivienda a crédito o al contado?».

- **Cierre de lucha libre.** Aquí vas a responder una pregunta siempre con otra pregunta. El cliente te pregunta «¿Los muebles están incluidos en el precio?» y tu respuesta debe ser «Permítame entenderle, ¿si le consigo que los muebles se los incluyan en el precio, se queda con el apartamento?». Es decir, aprovechas estos pequeños detalles para probar si el cliente está auténticamente interesado en realizar la compra o está preguntando por preguntar. Recuerda que la finalidad de todo este proceso de venta es que ayudes al cliente a despejar sus intenciones, para que él pueda concluir si realmente es su momento de comprar o solo está paseando y mirando sin compromiso.

- **Cierre de la preocupación.** Este cierre ha sido muy usado desde los principios de los tiempos en el mundo de las ventas. En Panamá se utilizó entre 2006 y 2007 muchísimo, con un mercado al alza. Consiste en crear la preocupación al cliente de que, si no compra ahora, perderá la oportunidad, bien porque alguien más la comprará o porque el vendedor aumentará el precio. En este momento se puede usar con auténticas oportunidades. Tú le dices al cliente: «La verdad es que, si no está listo en este momento para hacer la separación, no importa, por mi parte estoy tranquilo si la separa hoy o lo hace mañana, sin embargo, poniéndome en su lugar sí me preocuparía porque una propiedad como esta, con estas características, en este precio, no hay en el mercado ahora mismo y no quiero que le pase lo mismo que me ha sucedido anteriormente. Le cuento. Me ha pasado que, por ser educado, por no crear presión a la venta, me callo y no le digo al cliente que la propiedad está siendo muy solicitada en el mercado, pasa el día y, cuando me llaman porque ahora sí están listos, es tarde, la propiedad fue vendida. De hecho, esta tarde un colega del MLS viene a visitarla con un comprador. Aproveche ahora ¿Cómo la desea separar, en cheque o en efectivo?».

- **Cierre por eliminación.** Luego que has intentado todos los cierres y el cliente nada que lo separa, debes averiguar la razón verdadera de por qué no lo está tomando, le dices así: «Si es tan amable, dígame, por favor, ¿qué es lo que no le convence de la vivienda? ¿Es el tamaño? ¿Es la ubicación?». Vas a ir descartando opciones hasta que te diga la razón verdadera de por qué no compra.

- **Cierre de la venta perdida.** Este cierre es otra forma de averiguar la razón verdadera de por qué el cliente no compra. Apelamos a su moral admitiendo que hemos de haber cometido un error, asumimos la culpa y, preocupados, le preguntamos, «¿Hice algo que les pudo haber irritado? ¿Fue mi colega el que pudo haberlos importunado? ¿Tienen alguna duda acerca de mi empresa?». Y el cliente responde: «No, no, por Dios, todo está en orden, es solo que…». Y te dará la razón por la que no compra, y tú la analizarás.

- **Cierre de lo pensaré.** El objetivo es no aceptar un NO como respuesta. Este cierre, más que un cierre es un salvoconducto para que el cliente no te quite de encima con la frase «De acuerdo ahora déjeme pensarlo», que tanta parálisis ha creado en el mundo de las ventas. El cliente te dice «Déjame, que lo voy a pensar» y tú directamente le respondes: «De acuerdo, me parece bien que se lo deba pensar, porque eso quiere decir que le interesa. Si no, no tendría nada que pensar. Ahora que estamos aquí y tenemos la información fresca, dígame exactamente qué es lo que no lo convence, qué le impide tomar la decisión». Y lo conectas con el cierre de eliminación: ¿Es acaso el tamaño? ¿Es la ubicación? Y vas descartando hasta que llegas a la pregunta de:

«¿Cómo lo va a separar, en cheque o en efectivo?». Y ya cerraste.

El manejo de los silencios. Tan pronto como has realizado la pregunta de cierre, debes guardar silencio. Parece elemental y, sin embargo, un silencio es tan retador, tan increíblemente incómodo para algunos, que procuran rellenar ese espacio con parloteo incoherente, haciendo que la mente del cliente divague sin rumbo a tierras lejanas del oasis de la venta. Por ello, una vez lanzas la pregunta de cierre, el siguiente paso es callar. Pasará un segundo, otro segundo, otro segundo, te aseguro que, si tú logras contener tus palabras y permanecer en silencio, quien hablará será la otra persona. Aguanta, en cada cierre te estás jugando la venta.

Fase de posventa

Esta es la parte en la que le solicitas al cliente que te deje un testimonio, quieres hacerlo en ese momento, justo después de la separación, debes convertir ese momento en un momento emocionante, es bien sencillo, la grabación la puedes generar desde tu propio teléfono celular. Simplemente pregunta: «Hasta ahora, ¿qué les ha parecido la experiencia de compra?».

Te recomiendo tener un *stock* de *souvenirs* con tu marca para regalar al comprador. Tazas con el logo de la empresa, bolsas reciclables. Plumas, libretas, termos y vasos, entre otros.

Solicítale su cuenta de Instagram y Facebook, coméntale que el testimonio lo subirás allí y te gustaría mencionarlo. Adicionalmente solicítale que interactúe en el *post*, que deje un comentario breve de lo satisfecho que se ha sentido.

Otras ideas para generar referidos

Ofrece un bono de descuento equivalente a la primera letra de la hipoteca por cada cliente referido que te envíe y realice la compra contigo.

Haz alianza con un lava autos, regala un lavado de auto a los compradores. Adicionalmente, le comentas que a los amigos que él te refiera en ese momento que sean dueños de propiedades y deseen ponerlas a la venta o en alquiler, a ellos también les obsequiarás un lavado de auto tan pronto te hayan dado la propiedad para vender o alquilar.

Ofrece lo mismo para el mercado femenino, regala manicuras y pedicuras, *blowers*.

Fines de semana en hoteles de la ciudad, suelen bajar la tarifa los fines de semana, ofrece desayunos, almuerzos o cenas en restaurantes, tiquetes de cine, todo es posible. Haz acuerdos con hoteles, tienen departamentos corporativos para hacer regalos; adicionalmente, tú ganas puntos por cada regalo que realizas.

Ofrece hacer una especie de labor social. Por ejemplo, por cada apartamento vendido, regálale al edificio pintar las paredes del área común del piso donde se encuentra el apartamento vendido, es esa área donde se espera el/los elevadores. Haz que la comunidad lo sepa, que cada vez que vendes una propiedad en el edificio haces este donativo. Con esta técnica, los mismos vecinos te estarán refiriendo propiedades y cuidarán de que tú siempre seas el agente de la comunidad.

Hasta aquí este libro, espero que sea de mucha ayuda para ti. Si te ha gustado, hazte una *selfie* con el libro en la mano y súbelo a Instagram, mencióname @juancainojosa y déjame tu comentario en el *post*, me ayudarás a llegar cada vez a más personas que necesitan esta guía práctica para hacer crecer su negocio.

Te deseo lo mejor, lo mejor de lo mejor. Espera siempre lo mejor y, controversialmente, prepárate para lo peor, pero, sobre todo, espera lo mejor.

Repite este mantra:

«INDIFERENTE DEL RESULTADO DE ESTA NEGOCIACIÓN, ¡YO SOY AMADO, SOY VALORADO Y POSEO TODO PARA TENER ÉXITO!».

Escríbeme: juanca@juancainojosa.com

¡Siempre respondo!

Sobre el autor

Venezolano y ciudadano del mundo, reside en Ciudad de Panamá desde el año 2008. Inquieto por el mundo de los bienes raíces, decide estudiar la profesión de corredor inmobiliario en su ciudad natal, Valencia (Venezuela).

Allí, en el año 2007, obtiene la certificación de corredor inmobiliario.

Se involucra con empresas locales, consiguiendo resultados que le darían una noción de la práctica de la actividad para ese momento. Un año más tarde se le despierta la inquietud por Panamá, viaja y se familiariza con esta encantadora tierra. Ese mismo año 2008 se asienta en tierras panameñas y comienza a acumular experiencia sobre cómo se llevan a cabo las transacciones en el país. Con mucho ensayo y error, logra muchos aciertos y otros tantos desaciertos que, con su toque característico, cargado de humildad combinada con el auténtico deseo de transmitir conocimiento para educar, les hace llegar a ustedes en las páginas de esta obra.